CW01095446

Poemi conviviali

POESIE

DI

GIOVANNI PASCOLI

VI.

205ᶜ

POEMI
CONVIVIALI

SECONDA EDIZIONE

ACCRESCIUTA E CORRETTA

BOLOGNA

DITTA NICOLA ZANICHELLI

1905

PROPRIETÀ LETTERARIA

Carta della Fabbrica CESARE VOLPINI, Firenze

Lucca, Tip. A. Marchi

ALL'AMICO

ADOLFO DE BOSIS

PREFAZIONE

Adolfo, il tuo Convito non è terminato. Nel Gennaio del 1895 cominciava, e doveva continuare per ogni mese di quell'anno, in Roma. Come fui chiamato anch'io a far parte di quel « vivo fascio di energie militanti le quali val*essero* a salvare qualche cosa bella e ideale dalla torbida onda di volgarità che ricopr*iva* omai tutta la terra privilegiata dove Leonardo creò le sue donne imperiose e Michelangelo i suoi eroi indomabili » ?

_ In quel Gennaio cominciavo e in quel Decembre avrei compito il mio quarantesimo anno. Tutte le giornate, dal Gennaio al Decembre, mi si consumavano nell'esercizio del magistero. Avevo veduta una sola volta, e di sfuggita, e distratto da altre debite cure, Roma. Sottili facevo le spese, come par giusto alla nostra madre Italia che povera e trita passi la vita di coloro che le educano e istruiscono gli altri figli, nostri minori fratelli. Ero di quelli che s'erano ritratti « a coltivare » (secondo altre parole del Proemio del Convito) « a coltivare la loro tristezza come un giardino solitario ».

Eppure, no: non ero di quelli; chè, in verità, non
avrei cercato d'avere, per un mio proprio gusto,
di quella tristezza e il fiore e il frutto! O inameni
fiori! O frutti amarissimi! Chi vorrebbe essere
l'ortolano e il giardiniere della morte? I frutti
degli alberi nei cimiteri non si mangiano, ma
si lasciano cadere. Non si dà alle bestie l'erba
che nasce, così rigogliosa, così fiorita, nei
camposanti; ma si brucia. Ora io coltivavo e
coltivo quella tristezza per un qualche utile dei
miei simili; per dire ad essi la parola che forse
importa più di tutte le altre: che oltre i mali
necessari della vita e che noi, quali possiamo
appena attenuare, quali nemmeno attenuare, vi
sono altri mali che sono i soli veri mali, e questi
sì, possiamo abolire con somma e pronta facilità.
Come? Col contentarci. Ciò che piace, è sì il
molto; ma il poco è ciò che appaga. Chi ha
sete, crede che un'anfora non lo disseterebbe;
e una coppa lo disseta. Ora ecco la sventura
aggiunta del genere umano: l'assetato, perchè
crede che un'anfora non basti alla sua sete,
sottrae agli altri assetati tutta l'anfora, di cui
berrà una coppa sola. Peggio ancora: spezza
l'anfora, perchè altri non beva, se egli non può
bere. Peggio che mai: dopo aver bevuto esso,
sperde per terra il liquore perchè agli altri
cresca la sete e l'odio. E infinitamente peggio:

si uccidono tra loro, i sitibondi, perchè non beva nessuno. Oh! bevete un po' per uno, stolidi, e poi fate di riempire la buona anfora per quelli che verranno!

Per questo, che io dico che la poca gioia che può aver l'uomo è nel poco, io sono, caro Adolfo, sincero. Mi fu dato di provare il pregio del poco, sì per essermi stato da altri rubato tutto, sì per avere io ricuperato, di quel poco, un pocolino. « Il pregio del poco » ho detto... Ma in verità che cosa si può pretender di più poco, che d'essere lasciato, fin che piaccia alla natura, con chi v'ha messo al mondo? Basta: parliamo d'altro. Dunque del poco che mi fu sottratto, ho poi ricuperato un pochino. E ne mostro, come è giusto, un pochino di gioia. Sono dunque sincero, quando parlo della delizia che c'è, a vivere in una casa pulita, sebben povera, ad assidersi avanti una tovaglia di bucato, sebben grossa, a coltivare qualche fiore, a sentir cantare gli uccelli... Ma questa sincerità si chiama, dai malati di storia letteraria, Arcadia. (1) Io sono (* * * * * * * * * * * * * * * * * *) un arcade. La mia, oltre

---

1) In un mio libro, non troppo fortunato, che s'intitola *Miei Pensieri di varia Umanità* (Messina, Mugln, 1903), parlo, nel *Fanciullino*, di questa malattia che non è, a dir vero, di letteratura, come era stampato nella I ed. del P. C., ma di storia letteraria, come ho corretto in questa II. « (La Poesia)

che finzione oziosa, sarebbe anche sdolcinatura
e smascolinatura, destinata a produrre, se non
si castiga a tempo, gli effetti più deleteri
nell' organismo nazionale. Consimili, chiedo io,
a quelli che ha prodotti nel Giappone la con-
templazione ingenua degli uccelli e dei fiori?
la predilezione per la piccola casa e il piccolo
orto e il semplice e puro *tatami?* Sciocchi!
Io non credo troppo nell' efficacia della poesia,
e poco spero in quella della mia; ma se un'efficacia ha da essere, sarà di conforto e di
esaltazione e di perseveranza e di serenità.
Sarà di forza; perchè forza ci ho messo, non
avendo nel mio essere, semplificato dalla sventura, se non forza, da metterci; forza di poca

---

la dividiamo per secoli e scuole, la chiamiamo arcadica, romantica, classica,
veristica, naturalistica, idealistica, e va dicendo. Affermiamo che progredisce,
che decade, che nasce, che muore, che risorge, che rimuore. In verità la poesia è tal maraviglia, che se voi fate una vera poesia, ella sarà della stessa qualità
che una vera poesia di quattromila anni sono. Come mai? Così: l' uomo impara
a parlare tanto diverso o tanto meglio, di anno in anno, di secolo in secolo,
di millennio in millennio; ma comincia con far gli stessi vagiti e guaiti in
tutti i tempi e luoghi. La sostanza psichica è uguale nei fanciulli di tutti i po
poli. Un fanciullo è fanciullo allo stesso modo da per tutto. E quindi, nè c'è
poesia arcadica, romantica, classica, nè poesia italiana, greca, sanscrita; ma
poesia soltanto, soltanto poesia, e .. non poesia Sì c'è la contraffazione, la
sofisticazione, l' imitazione della poesia, e codesta ha tanti nomi. Ci sono persone
che fanno il verso agli uccelli; e al fischio sembrano uccelli; e non sono uccelli,
si uccellatori. Ora io non so dire quanta vanità sia la storia di codesti ozi..... »
   E più oltre: « (Noi in Italia) ragioniamo e distinguiamo troppo. Quella
scuola era migliore, questa peggiore. A quella bisogna tornare, a questa
rinunziare. No · le scuole di poesia sono tutte peggio, e a nessuna bisogna ad-

vista, bensì, e di poco suono, perchè, senza
gale e senza fanfare, è non altro che forza.

Dunque, nemmeno allora io era chiuso in
un « giardino solitario », sebbene fossi molto
segregato e lontano e oscuro. Quando mi chia-
maste tra quelle « energie militanti » tu e
Gabriele d' Annunzio.

O mio fratello, minore e maggiore, Gabriele!

Già sette anni prima Gabrièle aveva scritto,
intorno ad alcuni miei sonetti, parole di gran
lode. Già entrando nella mia Romagna, a cavallo, col suo reggimento, cantava (e lo diceva
al pubblico italiano) certi miei versi :

Romagna solatìa, dolce paese !

Il giovinetto, pieno di grazia e di gloria, si
rivolgeva ogni momento dalla sua via fiorita

---

dirsi. Non c' è poesia che la poesia. Quando poi gl' intendenti, perchè uno fa,
ad esempio, una vera poesia su un gregge di pecore, pronunziano che que
vero poeta è un arcade; e perchè un altro, in una vera poesia, ingrandisce
straordinariamente una parvenza, proclamano che quell'altro vero poeta pecca
di secentismo; ecco gl' intendenti scioccheggiano e pedanteggiano nello stesso
tempo. Qualunque soggetto può essere contemplato dagli occhi profondi de
fanciullo interiore; qualunque tenue cosa può a quelli occhi parere grandissima.
Voi dovete soltanto giudicare (se avete questa mania di giudicare), se furono
quelli occhi che videro; e lasciar da parte secento e arcadia. »

E anche: « E le scuole ci legano. Le scuole sono fili sottili di ferro,
tesi tra i verdi mai della foresta di Matelda: noi, facendo i fiori, temiamo
a ogni tratto d' inciampare e di cadere. L' ho già detto: se uno si abbandona
alle delizie della campagna, teme che lo chiamino arcade.... »

Ma lo lascerò dire.

e luminosa, per trarre dall' ombra e dal deserto
e dal silenzio e, sì, dalla sua tristezza, il fratello
maggiore e minore. Io, nella irrequietezza della
vita, ho potuto talvolta dimenticare quel gesto
gentile del fanciullo prodigioso; ma ci sono
tornato su, sempre, ammirando e amando. Ci
torno su, ora, più che mai grato, ora che raccolgo
e a te, o Adolfo, re del Convito, consacro
questi poemi, dei quali i primi comparvero nel
Convito e piacquero a lui. Piaceranno agli altri?
Giova sperare. O avranno la sorte d' un altro
mio scritto conviviale, della *Minerva Oscura,*
che poi generò altri due volumi, *Sotto il Velame*
e *La Mirabile Visione*, e ancora una *Prolusione
al Paradiso*, e altri ancora ne creerà? Non mi
dorrebbe troppo se questi *Poemi* avessero la
sorte di quei volumi. Essi furono derisi e
depressi, oltraggiati e calunniati, ma vivranno.
Io morrò; quelli no. Così credo, così so: la mia
tomba non sarà silenziosa. Il Genio di nostra
gente, Dante, la additerà ai suoi figli.

Prima di quel giorno, che verrà tanto
prima per me, che per te e per Gabriele, non
vorremo finire il Convito, facendo l' ultimo dei
dodici libri? Narreremo in esso ciò che sperammo
e ciò che sognammo, e ciò che seminammo e ciò
che mietemmo, e ciò che lasciamo e ciò che

abbandoniamo. O Adolfo, tu sarai (non parlo di Gabriele, chè egli *s'è beato)* più lieto o men triste di me! Sai perchè? Il perchè è in questo tuo libro. Leggi « I VECCHI DI CEO ». Tutti e due lasciano la vita assai sereni; ma uno più, l'altro meno. Questi non ha in casa, come messe della sua vita, se non qualche corona istmia o nemea, d'appio secco e d'appio verde (oh! secco ormai anche questo!). L'altro, e ha di codeste ghirlande, e ha figli e figli dei figli. Tu sei quest'ultimo, o Adolfo; tu sei l'anthide che ebbe il dono dalle Chariti!

Pisa, 30 giugno del 1904.

GIOVANNI PASCOLI

INDICE

NON OMNES ARBVSTA IVVANT

SOLON

SOLON

riste il convito senza canto, come
tempio senza votivo oro di doni;
chè questo è bello: attendere al cantore
che nella voce ha l'eco dell'Ignoto.
Oh! nulla, io dico, è bello più, che udire
un buon cantore, placidi, seduti
l'un presso l'altro, avanti mense piene
di pani biondi e di fumanti carni
mentre il fanciullo dal cratere attinge
vino, e lo porta e versa nelle coppe;
e dire in tanto grazïosi detti,
mentre la cetra inalza il suo sacro inno;
o dell'auleta querulo, che piange,
godere, poi che ti si muta in cuore
il suo dolore in tua felicità.

— Solon, dicesti un giorno tu: Beato
chi ama, chi cavalli ha solidunghi,
cani da preda, un ospite lontano.
Ora te nè lontano ospite giova

nè, già vecchio, i bei cani nè cavalli
di solid' unghia, nè l'amore, o savio.
Te la coppa ora giova: ora tu lodi
più vecchio il vino e più novello il canto.
E novelle al Pireo, con la bonaccia
prima e co' primi stormi. due canzoni
oltremarine giunsero Le reca
una donna d'Eresso — Apri rispose;
alla rondine, o Phoco, apri la porta —
Erano le Anthesterie· s'apriva
il fumeo doglio e si saggiava il vino.

Entrò, col lume della primavera
e con l'alito salso dell'Egeo,
la cantatrice. Ella sapea due canti:
l'uno, d'amore, l'altro era di morte.
Entrò pensosa, e Phoco le porgeva
uno sgabello d'auree borchie ornato
ed una coppa Ella sedè, reggendo
la risonante pèctide; ne strinse
tacita intorno ai còllabi le corde,
tentò le corde fremebonde, e disse.

Splende al plenilunio l'orto; il melo
trema appena d'un tremolio d'argento...
Nei lontani monti color di cielo
        sibila il vento.

Mugghia il vento, strepita tra le forre,
su le quercie gettasi... Il mio non sembra
che un tremore, ma è l'amore, e corre,
        spossa le membra!

M'è lontano dalle ricciute chiome,
quanto il sóle; sì, ma mi giunge al cuore,
come il sole: bello, ma bello come
    sóle che muore.

Dileguare! e altro non voglio: voglio
farmi chiarità che da lui si effonda.
Scoglio estremo della gran luce, scoglio
    su la grande onda,

dolce è da te scendere dove è pace:
scende il sole nell'infinito mare;
trema e scende la chiarità seguace
    crepuscolare.

La Morte è questa! il vecchio esclamò. Questo,
ella rispose, è, ospite, l'Amore.
Tentò le corde fremebonde, e disse:

Togli il pianto. È colpa! Sei del poeta
nella casa, tu. Chi dirà che fui?
Piangi il morto atleta: beltà d'atleta
    muore con lui.

Muore la virtù dell'eroe che il cocchio
spinge urlando tra le nemiche schiere;
muore il seno, sì, di Rhodòpi, l'occhio
    del timoniere;

ma non muore il canto che tra il tintinno
della pèctide apre il candor dell' ale.
E il poeta fin che non muoia l'inno,
     vive, immortale,

poi che l'inno (diano le rosee dita
pace al peplo, a noi non s'addice il lutto)
è la nostra forza e beltà, la vita,
     l'anima, tutto.

E chi voglia me rivedere, tocchi
queste corde, canti un mio canto: in quella,
tutta rose rimireranno gli occhi
     Saffo la bella.

Questo era il canto della Morte; e il vecchio
Solon qui disse· Ch'io l'impari, e muoia.

IL CIECO DI CHIO

IL CIECO DI CHIO

O Deliàs, o gracile rampollo
di palma, ai piedi sorto su del Cyntho,
alla corrente del canoro Inopo;
figlia di Palma; di qual dono io mai
posso bearti il giovanetto cuore?
Chè all'invito de' giovani scotendo
gl'indifferenti riccioli del capo,
gioia t'hai fatto del vegliardo grigio
cui poter falla e desiderio avanza
E lui su le tue lievi orme adducevi
all'opaca radura ed al giaciglio
delle stridule foglie, in mezzo ai pini
sonanti un fresco brulichìo di pioggia
presso la salsa musica del mare.
Nè già la bianca tua beltà celasti
a gli occhi della sua memore mano:
non vista ad altri, che a lui cieco e, forse,
al solitario tacito alcïone.

O Deliàs, e già finì la gara
de' tunicati Iàoni: già tace

il vostro coro, grande meraviglia,
in cui nessuna di te meglio scosse
i procellosi crotali d' argento.
Ed il nocchiero su la nave nera
l' albero drizza, ed in su trae le pietre,
le gravi pietre su cui dondolando
dorme la nave nel loquace porto.
Ora un nocchiero addimandai: Nocchiero,
vago per l' onde come smergo ombroso,
dài ch' alla nave il pio cantore ascenda?
cieco uomo, e vive nella scabra Chio.
Così te veda un ospite all' approdo.
Tanto io gli dissi. Egli assentì, chè grande
è del cantore, ben che nudo e cieco,
la grazia in uno ardor di venti, in una
ai cuori alati ritrosia di calma.

   E di qual dono, o Deliàs, partendo,
nè so per dove, su la nave nera,
posso bearti il giovanetto cuore?
Chè non possiedo, fuor della bisaccia
lacera, nulla, e dell' eburnea cetra.
E il canto, industre che pur sia, non m'offre
se non un colmo calice ed un tocco
di pingue verro e, terminato il canto,
una lunga nel cuore eco di gioia.
Io cieco vo lungo l' alterna voce
del grigio mare, sotto un pino io dormo,
dai pomi avari; se non se talora
m' annunziò, per luoghi soli, stalle
di mandrïani un subito latrato;
o, mentre erravo tra la neve e il vento,
la vampa da un aperto uscio improvvisa

nella sua casa mi svelò la donna
che fila nel chiaror del focolare.

Pur non già nulla dar non può, sì molto,
il cieco aedo, e quale a me tu dono,
negato a tutti, della tua bellezza,
offristi, donna; nè maggior potevi;
tale a te l'offro, nè potrei maggiore.
Cieco non ero, e ciò pascea con gli occhi,
che rumino ora bove paziente;
e il fior coglievo delle cose, ch'ora
nella silenziosa ombra mi odora.
Era per aspri gioghi il mio cammino,
degli uomini vetusti, antelunari.
Nacquero sopra le montagne nere,
che ancor la luna non correa su quelle:
nacque dopo essi, e palpitò per loro
gemiti strani. Era un meriggio estivo:
io sentiva negli occhi arsi il barbaglio
della via bianca, e nell' orecchio un vasto
tintinnìo di cicale ebbre di sole.

Ed ecco io vidi alla mia destra un folto
bosco d' antiche roveri, che al giogo
parea del monte salir su, cantando
a quando a quando con un improvviso
lancio discorde delle mille braccia.
Entrai nel bosco abbrividendo, e molto
con muto labbro venerai le ninfe,
non forse audace violassi il musco
molle, lambito da' lor molli piedi.
E giunsi a un fonte che gemea solingo

sotto un gran leccio, dentro una sonora
conca di scabra pomice; che il pianto
già pianto urgea con grappoli di stille
nuove, caduchi, e ne traeva un canto
dolce, infinito. Io là m' assisi, al rezzo.
Poi, non so come, un dio mi vinse. presi
l' eburnea cetra e lungamente, a prova
col sacro fónte, pizzicai le corde.

Così scoppiò nel tremulo meriggio
il vario squillo d' un' aerea rissa:
e grande lo stupore era de' lecci,
chè grande e chiaro tra la cetra arguta
era l' agone, e la vocal fontana.
Ogni voce del fonte, ogni tintinno,
la cava cetra ripetea com' eco;
e due diceva in cuore suo le polle
forse il pastore che pascea non lungi.
Ma tardo, al fine, m' incantai sul giogo
d' oro, con gli occhi, e su le corde mosse
come da un breve anelito; e li chiusi,
vinto; e sentii come il frusciare in tanto
di mille cetre, che piovea nell' ombra;
e sentii come lontanar tra quello
la meraviglia di dedalee storie,
simili a bianche e lunghe vie, fuggenti
all' ombra d' olmi e di tremuli pioppi.

Allora io vidi, o Deliàs, con gli occhi,
l' ultima volta. O Deliàs, la dea
vidi, e la cetra della dea, con fila
sottili e lunghe come strie di pioggia

tessuta in cielo, iridescenti al sole.
E mi parlò, grave, e mi disse: Infante!
qual dio nemico a gareggiar ti spinse,
uomo con dea? Chi con gli dei contese,
non s'ode ai piedi il balbettìo dei bimbi,
reduce. Or va, però che mite ho il cuore:
voglio che il male ti germogli un bene.
Sarai felice di sentir tu solo,
tremando in cuore, nella sacra notte,
parole degne de' silenzi opachi.
Sarai felice di veder tu solo,
non ciò che il volgo viola con gli occhi,
ma delle cose l'ombra lunga, immensa,
nel tuo segreto pallido tramonto.

Disse, e disparve; e, per tentar che feci
le irrequiete palpebre, più nulla
io vidi delle cose altro che l'ombra,
pago, finchè non m'apparisti al raggio
della tua voce limpida, o fanciulla
di Delo, o palma del canoro Inopo,
sola tu del mio sogno anche più bella,
maggior dell'ombra che di te serpeggia
nel mio segreto pallido tramonto.
Ora a te sola ridirò le storie
meravigliose, che sentii quel giorno
come vie bianche lontanar tra i pioppi.
E quale il tuo, che non maggior potevi,
tale il mio dono, nè potrei maggiore;
chè il bene in te qui lascerò, come ape
che punge, e il male resterà più grave,
grave sol ora, al tuo cantor, cui diede
la Musa un bene e, Deliàs, un male!

LA CETRA D' ACHILLE

LA CETRA D' ACHILLE

I

  I re, le genti degli Achei vestiti
di bronzo, tutti, sì, dormian domati
dal molle sonno, e i lor cavalli sciolti
dal giogo, avvinti con le briglie ai carri,
pascean, soffiando, il bianco orzo e la spelta.
Dormivano i custodi anche de' fuochi,
abbandonato il capo sugli scudi
lustri, rotondi, presso i fuochi accesi,
al cui guizzare balenava il rame
dell' armi, come nuvolaglia a notte,
prima d' un nembo. Domator di tutto
teneva il sonno i Panachei chiomanti,
mirabilmente, nella notte ch'era
l'ultima notte del Pelide Achille;
e in cuore ognuno lo sapea, nel cielo
e nella terra, e tutti ora sbuffando
dalle narici il rauco sonno, in sogno
lo vedean fare un grande arco cadendo,
e sollevare un vortice di fumo;
ma in sogno senza altro fragor cadeva,

simile ad ombra; e senza suono a un tratto,
i cavalli e gli eroi misero un ringhio
acuto, i carri scosser via gli aurighi,
mentre laggiù, sotto Ilio, alta e feroce
la bronzea voce si frangea, d' Achille.

II

Dormian, sì, tutti; e tra il lor muto sonno
giungeva un vasto singhiozzar dal mare.
Piangean le figlie del verace Mare,
nel nero Ponto, l'ancor vivo Achille,
lontane, ch'egli non ne udisse il pianto.
Ed altre, sì, con improvviso scroscio
ululando montavano alla spiaggia,
per dirgli il fato o trarlo a sè; ma in vano:
fuggian·con grida e gemiti e singhiozzi
lasciando le lor bianche orme di schiuma.
Ma non le udiva, benchè desto, Achille,
desto sol esso; ch'egli empiva intanto
a sè l'orecchio con la cetra arguta,
dedalea cetra, scelta dalle prede
di Thebe sacra ch'egli avea distrutta.
Or, pieno il cuore di quei chiari squilli,
non udiva su lui piangere il mare,
e non udiva il suo vocale Xantho
parlar com'uomo all'inclito fratello,
Folgore, che gli rispondea nitrendo.
L'eroe cantava i morti eroi, cantava
sè, su la cetra già da lui predata.
Avea la spoglia, su le membra ignude,
d'un lion rosso già da lui raggiunto,
irsuta, lunga sino ai pie' veloci.

III

Così le glorie degli eroi consunti
dal rogo, e sè con lor cantava Achille,
desto sol esso degli Achei chiomanti:
ecco, avanti gli stette uno, canuto,
simile in vista a vecchio dio ramingo.
E'gli fu presso e gli baciò le mani
terribili. Sbalzò attonito Achille
su, dal suo seggio, e il morto lion rosso
gli raspò con le curve unghie i garretti.
E gli volgeva le parole alate:
Vecchio, chi sei? donde venuto? Sembri,
sì, nell'aspetto Priamo re, ma regio
non è il mantello che ti para il vento.
Chi ti fu guida nella notte oscura?
Parla, e per filo il tutto narra, o vecchio.
E gli parlava rispondendo il vecchio:
No, non ti sono io re, splendido Achille;
un dio felice non mi fu l'auriga:
io da me venni. Tutti, anche i custodi
dormono presso il crepitar dei fuochi.
Tu solo vegli; e non udii, venendo,
ch'esili stridi dagli eroi sopiti,
e che un sommesso brulichìo dai morti.
E nella sacra notte a me fu guida
un suono, il suono d'una cetra, Achille.

IV

Lo guardò scuro e gli rispose Achille:
Tu non m'hai detto il caro nome, e donde
vieni e perchè. Non forse tu notturno

vieni, alle navi degli Achei ricurve,
per dono grande, ad esplorare, o vecchio?
   E gli parlava rispondendo il vecchio:
Io sono aedo, o pieveloce Achille,
caro ai guerrieri, non guerriero io stesso.
Io nacqui sotto la selvosa Placo,
in Thebe sacra, già da te distrutta.
Da te non vengo a liberarmi un figlio
cui lecchi il sangue un vigile tuo cane;
il figlio, no; recando qui sul forte
plaustro mulare tripodi e lebeti
e pepli e manti e molto oro nell'arca.
Non a me copia, non a te n'è d'uopo;
chè tu sei già del tuo destino, e tutti
lo sanno, il cielo, l'infinito mare,
la nera terra, e lo sai tu ch'hai dato
ai cari amici le tue prede e i doni
splendidi, ansati tripodi, cavalli,
muli, lustranti buoi, donne ben cinte,
e grigio ferro, e reso Ettore ai padre
e la tua vita al suo dovere.. Oh! rendi
dunque all'aedo la sua cetra, Achille!

                    V

   Disse, e sporgea la mano alla sua cetra
bella, dedalea, ma l'argenteo giogo
era dai peli del lion coperto.
E il cuor d'Achille, mareggiava, come
il mare in dubbio di spezzar la nave,
piccola, curva. E poi parlava, e disse:
TE', riporgendo al pio cantor la cetra;

non sì che, urtando nel pulito seggio,
non mettesse, tremando, ella uno squillo.
Poi tacque, in mano dell' aedo, anch' ella.
Allora, stando, il pari a un dio Pelide
udì ringhiare i suoi grandi cavalli,
intese Xantho favellar com' uomo,
e parlar della sua morte al fratello,
Folgore, che gli rispondea nitrendo.
Allora udì su lui piangere il mare,
pianger le figlie del verace Mare,
lui, così bello, lui così nel fiore;
e molte con un improvviso scroscio
venir per trarlo via con sè; ma in vano.
E vide nella sacra notte il fato
suo, che aspettava alle Sinistre Porte,
come l' auriga asceso già sul carro,
la sferza in pugno, che all' eroe si volge,
sopragiungente nel fulgor dell' armi.

VI

E il vecchio disse le parole alate:
Lascia ch' io vada senz' indugio, e porti
meco la cetra, che non forse il cuore
nero t' inviti a piangere, su questa
cetra di glorie, l' ancor vivo Achille.
Lascia che pianga e mare e terra e cielo;
tu no. Non devi inebbriar di canto
tu, divo Achille, l' animo sereno
che sa, non devi a te celare il fato,
non che ti volle ma che tu volesti.
Restaci grande, o Peleiade Achille!

Noi, canteremo. Noi di te diremo
che, sì, piangevi, ma lontano e solo,
e che dicevi il tuo dolore all'onde
del mare ed alle nuvole del cielo.
E noi diremo che una dea non vista
a frenar la tua fosca ira veniva,
e ti prendea per la criniera rossa,
rossa criniera che così sconvolta
poi ti lisciava un'altra dea non vista,
nel tuo dolore; e che obbedivi a voci
dell'infinito o cielo o mare: avanti,
spingendo con un grande urlo d'auriga
verso la morte l'immortal tuo Xantho.
    Disse e disparve nell'ambrosia notte.

VII

    E stette Achille ad ascoltare i rinchi
de' suoi cavalli, e più lontano il pianto
delle Nereidi, e dentro i lor singhiozzi
sentì più trista, sì ma più sommessa,
la voce della sua cerulea madre.
Anche sentì tra il sonno alto del campo
passar con chiaro tintinnìo la cetra,
di cui tentava il pio cantor le corde;
mentre i cavalli sospendean, fremendo,
di dirompere il bianco orzo e la spelta.
Passava il canto tra la morte e il sogno:
qualche avvoltoio, sorto su dai morti,
gli eroi viventi ventilava in fronte.
Lontanò ella sotto il cielo azzurro,
e poi vanì. Nè più la intese Achille.

Nè gli restava, oltre i cavalli e il carro
da guerra e le stellanti armi, più nulla,
se non montare sopra i due cavalli,
fulgido, in armi, come Sole, andando
al suo tramonto. Quando udì vicino
un singulto· Briseide su la soglia
stava, e piangeva, la sua dolce schiava.
Ed egli allora si corcò tenendo
lei tra le braccia, con su lor la pelle
del lion rosso; ed aspettò l' aurora.

LE MEMNONIDI

24

LE MEMNONIDI

Ecco apparì l' Aurora che la terra
nera toccava con le rosee dita.

I

Disse: — Uccidesti il figlio dell' Aurora:
non rivedrai nè la sua madre ancora!

E sì, t'amavo come un suo fratello.
Tu fulvo, ei nero; nero sì, ma bello:

tu come rogo che divampa al vento,
ei come rogo che la pioggia ha spento:

Memnone amato! E tu dovevi amare
lui nato in cielo figlio tu del mare!

L' azzurro mare ama la terra nera;
il giorno ardente ama l' opaca sera;

l' opera, il sonno; ama il dolor la morte...
Va dunque, Achille, alle Sinistre Porte!

II

Io sì t'amava, e ti ricordo, molle
della mia guazza la criniera fulva,
nella lontana Ftia ricca di zolle·

nei boschi, invasi dall'odor di lauro,
del Pelio. lungo lo Sperchèo, tra l'ulva
pesta dall'ugne del tuo gran Centauro.

Io ti mostrava là su l'alte nevi
i foschi lupi che notturni a zonzo
fiutaron l'antro dove tu giacevi,

e tu gettavi contro loro incauto
la voce ch'ora squilla come bronzo,
allor sonava come lidio flauto.

Io ti vedeva predatore impube
correre a piedi, immerso nella tua
anima azzurra come in una nube;

io, rosseggiando, e con la bianca falce
la luna smorta, vedevam laggiù
correre un uomo dietro una grande alce.

III

E meco c'era Memnone, che un urlo
dal ciel mandava ai piedi tuoi veloci.
Tu li credevi di laggiù le voci
forse della palustre oca o del chiurlo.

Perchè t'amava anch'esso, il tuo fratello
crepuscolare, che poi te protervo
seduto sopra il boccheggiante cervo,
circondava de' suoi strilli d'uccello.

Or egli è pietra, e ben che nera pietra,
il figlio dell'Aurora ha le sue pene,
chè quando io sorgo, e piango, ei dalle vene
rivibra un pianto come suon di cetra...

forse sospesa a un ramo, quale io credo
d'udire ancora, qui tra i pini e i cedri,
che al primo sbuffo de' miei due polledri
vibrò chiamando il suo perduto aedo.

IV

E quando io sorgo, le Memnonie gralle
fanno lor giochi, quali intorno un rogo,
non come aurighi con Ferèe cavalle
sbalzanti in alto sotto il lieve giogo,
con la lucida sferza su le spalle;

e nè come unti lottatori ignudi
che si serrano a modo di due travi,
e nè come aspri pugili coi crudi
cesti allacciati intorno ai pugni gravi;
ma come eroi, con l'aste e con gli scudi.

Quasi al fuoco d'un rogo, al mio barlume
ecco ogni eroe contro un eroe si slancia:

lottano in mezzo alle rosate schiume
del lago, e il molle becco è la lor lancia,
e non ferisce sul brocchier di piume.

Guarda le innocue gralle irrequiete,
là, con lo scudo ombelicato e il casco!
negli acquitrini dove voi mietete
lanuginose canne di falasco,
per tetto della casa alta, d' abete.

V

Ei piange, e vede la mia mano ch' apre
ròsea, di monte in monte, usci e cancelli;
apre, toccando lieve i chiavistelli,
alle belanti pecore, alle capre ;

anche al fanciullo che la verga toglie,
curva, e si lima i cari occhi col dosso
dell' altra mano ; anche al villano scosso
di mezzo ai sogni dall' industre moglie ;

anche all' auriga che i cavalli aggioga
al carro asperso ancor del sangue d' ieri,
mentre l' eroe, già stretti gli stinieri,
prende lo scudo per l' argentea soga :

scudo rotondo, di lucente elettro,
grande, con le città, con le capanne,
e greggi e mandre, e corbe d' uva e manne
di spighe, e un re pei solchi, con lo scettro.

VI

Ma te non più porterò via, divino
eroe, sul carro, col rotondo scudo
ch' ha suon di tibie, e dolce canta, AI LINO:

dall' altra parte tornerò del cielo,
a sera, e te con altri ignudi ignudo
io parerò tenendo un aureo stelo;

un aureo stelo con in cima un astro;
e parerò le vostre esili vite,
come un pastore, con quel mio vincastro:

un gregge d' ombre, senza i folti velli
color viola. E per le vie muffite
v' udrò stridire come vipistrelli.

La bianca Rupe tu vedrai, dov' ogni
luce tramonta, tu vedrai le Porte
del Sole e il muto popolo dei Sogni.

E giunto alfine sosterai nel Prato
sparso dei gialli fiori della morte,
immortalmente, Achille, affaticato.

VII

Dove dirai: Fossi lassù garzone,
in terra altrui, di povero padrone;

ma pur godessi, al sole ed alla luna,
la dolce vita che ad ognuno è una;

e i miei cavalli fossero giovenchi,
che lustro il pelo, i passi hanno sbilenchi,

e ritrovassi, nell'uscir dal tetto,
per asta dalla lunga ombra, il pungetto;

e rimirassi, nell'uscir dal clatro,
per carro dal sonante asse, l'aratro:

l'aratro pio che cigola e lavora
nella penombra della nuova aurora! —

Diceva, e già nel cielo era appassita.
venne il Sole, e s'alzò l'urlo di guerra.

ANTICLO

ANTICLO

I

E con un urlo rispondeva Anticlo,
dentro il cavallo, a quell'aerea voce;
se a lui la bocca non empìa col pugno
Odisseo, pronto, gli altri eroi salvando;
e ognun chiamando tuttavia per nome
la voce alata dileguò lontano;
fin ch'all'orecchio degli eroi non giunse
che il loro corto anelito nel buio;
come già prima, quando già lì fuori
impallidiva il vasto urlìo del giorno,
l'urlìo venato da virginei cori,
che udian dietro una nera ombra di sonno;
nel lungo giorno; e poi languì, chè forse
era già sera, e forse già sul mare
tremolava la stella Espero, e forse
la luna piena già sorgea dai monti;
ed allora una voce ecco al cavallo
girare attorno, che sonava al cuore
come la voce dolce più che niuna,
come ad ognuno suona al cuor sol una.

II

Era la donna amata, era la donna
lontana, accorsa, in quella ora di morte,
da molta ombra di monti, onda di mari:
sbalzò ciascuno quasi a porre il piede
su l'inverdita soglia della casa.
Ma tutti un cenno di Odìsseo contenne:
Antìclo, no. Poi ch'era forte Antìclo,
sì, ma per forza; e non avea la gloria
loquace a cuore, ma la casa e l'orto
d'alberi lunghi e il solatìo vigneto
e la sua donna. E come udì la voce
della sua donna, egli sbalzò d'un tratto
su molta onda di mari, ombra di monti;
udì lei nelle stanze alte il telaio
spinger da sè, scendere l'ardue scale;
e schiuso il luminoso uscio chiamare
lui che la bocca aprì, tutta, e vi strinse
il grave pugno di Odìsseo Cent'arte,
e sentì nella conca dell'orecchio
sibilar come raffica marina:
Helena! Helena! è la Morte, infante!

III

Ma quella voce gli restò nel cuore,
e quando uscì con gli altri eroi - la luna
piena pendeva in mezzo della notte -
gli nereggiava di grande ira il cuore;
e per tutto egli uccise, arse, distrusse.
Gittò nel fuoco i tripodi di bronzo,

spinse nel seno alle fanciulle il ferro,
chè non prede voleva; egli voleva
udir, tra grida e gemiti e singulti,
la voce della sua donna lontana.
Ma era nella sacra Ilio il nemico
di gloria Anticlo, non in Arne ancora,
fertile d'uva, o in Aliarto erboso:
e in un vortice rosso Ilio vaniva
a' pie' del plenilunio sereno.
Morti i guerrieri, giù nelle macerie
fumide i Danai ne battean gl'infanti,
alle lor navi ne rapian le donne:
e d'Ilio in fiamme al cilestrino mare,
dalle Porte al Sigeo bianco di luna,
passavano con lunghi ululi i carri.

IV

Ma non ancora alle Sinistre Porte
Anticlo eroe dalla città giungeva.
Lì l'auriga attendeva il suo guerriero
insanguinato; e oro e bronzo, il carro,
e la giovane schiava alto gemente.
Voto era il carro, solo era l'auriga:
legati con le briglie abili al tronco
del caprifico, in cui fischiava il vento,
i due cavalli battean l'ugne a terra,
fiutando il sangue, sbalzando alle vampe.
Ma non giungeva Anticlo: egli giaceva
sul nero sangue, presso l'alta casa
di Deifobo. E dentro eravi ancora
fremere d'ira, strepere di ferro:

poi che, intorno all'amante ultimo, ancora
gli eroi venuti con le mille navi,
Locri, Etoli, Focei, Dolopi, Abanti,
contendean ai Troiani Helena Argiva;
tutti per lei si percotean con l'aste
i vestiti di bronzo e i domatori
di cavalli, e le loro aste, stridendo,
rigavano di lunghe ombre le fiamme.

V

Ma pensava alla sua donna morendo
Anticlo, presso l'atrio sonoro
dell'alta casa. E divampò la casa
come un gran pino; ed al bagliore Anticlo
vide Lèito eroe sul limitare.
Rapido a nome lo chiamò· gli disse:
Lèito figlio d'Alectryone, trova
nell'alta casa il vincitore Atride,
di cui s'ode il feroce urlo di guerra
Digli che fugge alle mie vene il sangue
sì come il vino ad un cratere infranto.
E digli che per lui muoio e che muoio
per la sua donna, ed ho la mia nel cuore.
Che venga la divina Helena, e parli
a me la voce della mia lontana.
parli la voce dolce più che niuna,
come ad ognuno suona al cuor sol una.

VI

Disse, e la casa entrò Lèito, e seguiva
tra le fiamme il feroce urlo di guerra;

che come tacque, egli trovò l'Atride
poggiato all'asta dalla rossa punta,
dritto, col piede sopra il suo nemico.
E contro gli sedeva Helena Argiva,
tacita, sopra l'alto trono d'oro;
e lo sgabello aveva sotto i piedi.
E Lèito disse al vincitore Atride:
Uno mi manda, da cui fugge il sangue
sì come il vino da cratere infranto:
Anticlo, che muore per te, che muore
per la tua donna, ed ha la sua nel cuore.
Oh! vada la divina Helena, e parli
a lui la voce della sua lontana,
la voce dolce forse più che niuna,
e come suona forse al cuor sol una.

VII

E così, mentre già moriva Anticlo,
veniva a lui con mute orme di sogno
Helena. Ardeva intorno a lei l'incendio,
su l'incendio brillava il plenilunio.
Ella passava tacita e serena,
come la luna, sopra il fuoco e il sangue.
Le fiamme, un guizzo, al suo passar, più alto;
spremeano un rivo più sottil le vene.
E scrosciavano l'ultime muraglie,
e sonavano gli ultimi singulti.
Stette sul capo al moribondo Anticlo
pensoso della sua donna lontana.
Tacquero allora intorno a lei gli eroi
rauchi di strage, e le discinte schiave.

E già la bocca apriva ella a chiamarlo
con la voce lontana, con la voce
della sua donna, che per sempre seco
egli nell'infinito Hade portasse;
la rosea bocca apriva già; quand'egli
- No - disse: - voglio ricordar te sola -

IL SONNO DI ODISSEO

IL SONNO DI ODISSEO

I

Per nove giorni, e notte e dì, la nave
nera filò, chè la portava il vento
e il timoniere, e ne reggeva accorta
la grande mano d' Odisseo le scotte;
nè, lasso, ad altri le cedea, chè verso
la cara patria lo portava il vento.
Per nove giorni, e notte e dì, la nera
nave filò, nè l' occhio mai distolse
l' eroe, cercando l' isola rupestre
tra il cilestrino tremolìo del mare;
pago se prima di morir vedesse
balzarne in aria i vortici del fumo.
Nel decimo, là dove era vanito
il nono sole in un barbaglio d' oro,
ora gli apparse non sapea che nero:
nuvola o terra? E gli balenò vinto
dall' alba dolce il grave occhio: e lontano
s'immerse il cuore d' Odisseo nel sonno.

II

E venne incontro al volo della nave,
ecco, una terra, e veleggiava azzurra
tra il cilestrino tremolìo del mare;

e con un monte ella pendea del cielo,
e giù dal monte spumeggiando i botri
scendean tra i ciuffi dell'irsute stipe;
e ne' suoi poggi apparvero i filari
lunghi di viti, ed a' suoi piedi i campi
vellosi della nuova erba del grano:
e tutta apparve un'isola rupestre,
dura, non buona a pascere polledri,
ma sì di capre e sì di buoi nutrice:
e qua e là sopra gli aerei picchi
morian nel chiaro dell'aurora i fuochi
de' mandriani; e qua e là sbalzava
il mattutino vortice del fumo,
d'Itaca, alfine · ma non già lo vide
notando il cuore d'Odisseo nel sonno.

III

Ed ecco a prua dell'incavata nave
volar parole, simili ad uccelli,
con fuggevoli sibili. La nave
radeva allora il picco alto del Corvo
e il ben cerchiato fonte: e se n'udiva
un grufolare fragile di verri,
ed ampio un chiuso si scorgea, di grandi
massi ricinto ed assiepato intorno
di salvatico pero e di prunalbo,
ed il divino mandrian dei verri,
presso la spiaggia, della nera scorza
spogliava con l'aguzza ascia un querciolo
e grandi pali a rinforzare il chiuso
poi ne tagliò coi morsi aspri dell'ascia;

e sì e no tra lo sciacquìo dell'onde
giungeva al mare il roco ansar dei colpi,
d'Eumeo fedele: ma non già li udiva
tuffato il cuore d'Odisseo nel sonno.

IV

E già da prua, sopra la nave, a poppa,
simili a freccie, andavano parole
con fuggevoli fremiti. La nave
era di faccia al porto di Forkyne;
e in capo ad esso si vedea l'olivo,
grande, frónzuto, e presso quello un antro:
l'antro d'affaccendate api sonoro,
quando in crateri ed anfore di pietra
filano la soave opra del miele:
e si scorgeva la sassosa strada
della città: si distinguea, tra il verde
d'acquosi ontani, la fontana bianca
e l'ara bianca, ed una eccelsa casa:
l'eccelsa casa d'Odisseo: già forse
stridea la spola fra la trama, e sotto
le stanche dita ricrescea la tela,
ampia, immortale... Oh! non udì nè vide
perduto il cuore d'Odisseo nel sonno.

V

E su la nave, nell'entrare il porto,
il peggio vinse: sciolsero i compagni
gli otri, e la furia ne fischiò dei venti:
la vela si svoltò, si sbattè, come

peplo, cui donna abbandonò disteso
ad inasprire sopra aereo picco:
ecco, e la nave lontanò dal porto;
e un giovinetto stava già nel porto,
poggiato all'asta dalla bronzea punta:
e il giovinetto sotto il glauco olivo
stava pensoso, ed un veloce cane
correva intorno a lui scodinzolando:
e il cane dalle volte irrequiete
sostò, con gli occhi all'infinito mare;
e com'ebbe le salse orme fiutate,
ululò dietro la fuggente nave.
Argo, il suo cane. ma non già l'udiva
tuffato il cuore d'Odisseo nel sonno.

VI

E la nave radeva ora una punta
d'Itaca scabra. E tra due poggi un campo
era, ben culto; il campo di Laerte;
del vecchio re, col fertile pometo;
coi peri e meli che Laerte aveva
donati al figlio tuttavia fanciullo;
chè lo seguiva per la vigna, e questo
chiedeva degli snelli alberi e quello:
tredici peri e dieci meli in fila
stavano, bianchi della lor fiorita·
all'ombra d'uno, all'ombra del più bianco,
era un vecchio, poggiato su la marra:
il vecchio, volto all'infinito mare
dove mugghiava il subito tumulto,

limando ai faticati occhi la luce,
riguardò dietro la fuggente nave
era suo padre: ma non già lo vide
notando il cuore d' Odisseo nel sonno.

VII

Ed i venti portarono la nave
nera più lungi. E subito aprì gli occhi
l' eroe, rapidi aprì gli occhi a vedere
sbalzar dalla sognata Itaca il fumo;
e scoprir forse il fido Eumeo nel chiuso
ben cinto, e forse il padre suo nel campo
ben culto: il padre che sopra la marra
appoggiato guardasse la sua nave;
e forse il figlio che poggiato all' asta
la sua nave guardasse: e lo seguiva,
certo, e intorno correa scodinzolando
Argo, il suo cane: e forse la sua casa,
la dolce casa ove la fida moglie
già percorreva il garrulo telaio:
guardò: ma vide non sapea che nero
fuggire per il violaceo mare,
nuvola o terra? e dileguar lontano,
emerso il cuore d' Odisseo dal sonno.

L'ULTIMO VIAGGIO

LA PALA

Ed il timone al focolar sospese
in Itaca l'Eroe navigatore.
Stanco giungeva da un error terreno,
grave ai garretti, ch'egli avea compiuto
reggendo sopra il grande omero un remo.
Quelli cercava che non sanno il mare
nè navi nere dalle rosse prore,
e non miste di sale hanno vivande.
E già più lune s'erano consunte
tra scabre rupi, nel cercare in vano
l'azzurro maie in cui tuffar la luce;
nè da gran tempo più sentiva il cielo
l'odor di sale, ma l'odor di verde:
quando gli occorse un altro passeggero;
che disse; e il vento che ululò notturno,
si dibatteva, intorno loro, ai monti,
come orso in una fossa alta caduto:
Uomo straniero, al re tu muovi? Oh! tardo!
Al re, già mondo è nel granaio il grano.
Un dio mandò quest'alito, che soffia
anc'oggi, e ieri ventilò la lolla.
Oggi, o tarda opra, vana è la tua pala.
Disse; ma il cuore tutto rise accorto
all'Eroe che pensava le parole
del morto, cieco, dallo scettro d'oro.
Chè cieco ei vede, e tutto sa pur morto:
tra gli alti pioppi e i salici infecondi,
nella caligo, egli, bevuto al botro
il sangue, disse: Misero, avrai pace

quando il ben fatto remo della nave
ti sia chiamato un distruttor di paglie.
Ed ora il cuore, a quel pensier, gli rise.
    E disse: Uomo terrestre, ala! non pala!
Ma sia. Ben ora qui fermarla io voglio
nella compatta aridità del suolo.
Un fine ha tutto. In ira a un dio da tempo
io volo foglia a cui s'adira il vento.
    E l'altro ancora ad Odisseo parlava:
Chi, donde sei degli uomini? venuto
come, tra noi? Non già per l'aere brullo,
come alcuno dei cigni longicolli,
ma scambiando tra loro i due ginocchi.
Parlami, e narra senza giri il vero.

II

L' ALA

    E rispose l'Eroe molto vissuto·
Tutto ti narro senza giri il vero.
Sono, a voi sconosciuti, uomini, anch'essi
mortali sì, ma, come dei, celesti,
che non coi piedi, come i lenti bovi,
vanno, e con la vicenda dei ginocchi,
ma con la spinta delle aeree braccia,
come gli uccelli, ed hanno il color d'aria
sotto sè, vasto. Io vidi viaggiando
sbocciar le stelle fuor del cielo infranto,
sotto questi occhi, e il guidator del Carro
venir con me fischiando ai buoi lontano,
e l'auree rote lievi sbalzar sulla
tremola ghiaia della strada azzurra.

Nè sempre l'ali noi tra cielo e cielo
battiamo: spesso noi prendiamo il vento.
a mezzo un ringhio acuto, per le froge
larghe prendiamo il vano vento folle,
che ci conduca, e con la forte mano
le briglie io reggo per frenarlo al passo.
Ma un dio ce n'odia, come voi la terra
odia, che voi sostenta sì, ma spezza.
Ch'ha tutto un fine. Or tu fa che un torello
dal re mi venga, ed un agnello e un verro;
che qui ne onori quell'ignoto iddio.

E l'altro ancora rispondea stupito:
L'ignoto è grande, e grande più, se dio.
Or vieni al re, che raddolcito ha il cuore
oggi, che il grano gli avanzò le corbe.

Così l'eroe divino in una forra
selvosa il remo suo piantò, la lieve
ala incrostata dalla salsa gromma.
Al dio sdegnato per il suo Ciclope,
egli uccise un torello ed un agnello
e terzo un verro montator di scrofe;
e poi discese, e insieme a lui più lune
venuero, e l'una dopo l'altra ognuna
sè, girando tra roccie aspre, consunse.
L'ultima, piena tremolò sul mare
riscintillante, e su la bianca sabbia,
piccola e nera gli mostrò la nave,
e i suoi compagni, ch'attendean guardando
a monte, muti. Ed ei salpò. Sbalzare
vide ancora le rote auree del Carro
sopra le ghiaie dell'azzurra strada.
rivide il fumo salir su, rivide
Itaca scabra, e la sua grande casa.

Dove il timone al focolar sospese.

III

LE GRU NOCCHIERE

E un canto allora venne a lui dall'alto,
di su le nubi, di raminghe gru.
  Sospendi al fumo ora il timone, e dormi.
Le Gallinelle fuggono lo strale
già d'Orione, e son cadute in mare.
Rincalza su la spiaggia ora la nave
nera con pietre, che al ventar non tremi,
Eroe; chè sono per soffiare i venti.
L'alleggio della stiva apri, che l'acqua
scoli e non faccia poi funghir le doghe,
Eroe, chè sono per cader le pioggie.
Sospendi al fumo ora il timone, e in casa
tieni all'asciutto i canapi ritorti,
ogni arma, ogni ala della nave, e dormi.
Chè viene il verno, viene il freddo acuto
che fa nei boschi bubbolar le fiere
che fuggono irte con la coda al ventre;
quando a tre piedi, il filo della schiena
rotto a metà, la grigia testa bassa,
il vecchio va sotto la neve bianca;
e il randagio pitocco entra dal fabbro,
nella fucina aperta, e prende sonno
un poco al caldo tra l'odor di bronzo.
Navigatore di cent'arti, dormi
nell'alta casa, o, se ti piace, solca
ora la terra, dopo arata l'onda.
  Questo era canto che rodeva il cuore
del timoniere, che volgea la barra

verso un approdo, e tedio avea dell' acqua;
chè passavano, agli uomini gridando
giunto il maltempo, venti nevi pioggie,
e lo sparire delle stelle buone;
e tra le nubi esse con fermo cuore,
gittando rauche grida alla burrasca,
andavano, e coi remi battean l' aria.

IV

LE GRU GUERRIERE

Dicean, Dormi, al nocchiero, Ara, al villano,
di su le nubi, le raminghe gru.
Ara: la stanga dell' aratio al giogo
lega dei bovi; chè tu n' hai, ben d' erbe
sazi, in capanna, o figlio di Laerte.
Fatti col cuoio d' un di loro, ucciso,
un paio d' uose, che difenda il freddo,
ma prima il dentro addenserai di feltro;
e cucirai coi tendini del bove
pelli de' primi nati dalle capre,
che a te dall' acqua parino le spalle;
e su la testa ti porrai la testa
d' un vecchio lupo, che ti scaldi, e i denti
bianchi digrigni tra il nevischio e i venti.
Arare il campo, non il mare, è tempo,
da che nel cielo non si fa vedere
più quel branchetto delle sette stelle.
Sessanta giorni dopo volto il sole,
quando ritorni il conduttor del Carro,

allor dolce è la brezza, il mare è calmo;
brilla Boote a sera, e sul mattino
tornata già la rondine cinguetta,
che il mare è calmo e che dolce è la brezza.
La brezza chiama a sè la vela, il mare
chiama a sè il remo; e resta qua canoro
il cuculo a parlare al vignaiolo.
    Questo era canto che mordeva il cuore
a chi non bovi e sol avea l' aratro;
ch' egli ha bel dire, Prestami il tuo paro!
Son le faccende, ed ora ogni bifolco
semina, e poi, sicuro della fame,
ode venti fischiare, acque scrosciare,
ilare. E intanto esse, le gru, moveano
verso l'Oceano, a guerra, in righe lunghe,
empiendo il cielo d' un clangor di trombe.

v

IL REMO CONFITTO

    E per nove anni al focolar sedeva,
di sua casa, l' Eroe navigatore:
chè più non gli era alcuno error marino
dal fato ingiunto e alcuno error terrestre.
Sì, la vecchiaia gli ammollia le membra
a poco a poco Ora dovea la morte
fuori del mare giungergli, soave,
molto soave, e nè coi dolci strali
dovea ferirlo, ma fiatar leggiera
sopra la face cui già l' uragano

frustò, ma fece divampar più forte.
E i popoli felici erano intorno,
che il figlio, nato lungi alle battagliè,
savio reggeva in abbondevol pace.
Crescean nel chiuso del fedel porcaio
floridi i verri dalle bianche zanne,
e nei ristretti pascoli più tanti
erano i bovi'dalle larghe fronti,
e tante più dal Nerito le capre
pendean strappando irsuti pruni e stipe,
e molto sotto il tetto alto giaceva
oro, bronzo, olezzante olio d'oliva.
Ma raro nella casa era il convito,
nè più sonava l'ilare tumulto
per il grande atrio umbratile; chè il vecchio
più non bramava terghi di giovenco,
nè coscie gonfie d'adipe, di verro;
amava, invano, la fioril vivanda,
il dolce loto, cui chi mangia, è pago,
nè altro chiede che brucar del loto.
Così le soglie dell'eccelsa casa
or d'Odissèo dimenticò l'aedo
dai molti canti, e il lacero pitocco,
che l'un corrompe e l'altro orna il convito.
E il Laertiade ora vivea solingo
fuori del mare, come il vecchio remo
scabro di salsa gromma, che piantato
lungi avea dalle salse aure nel suolo,
e strettolo, ala, tra le glebe gravi.
E il grigio capo dell'Eroe tremava,
avanti al mormorare della fiamma,
come là, nella valle solitaria,
quel remo al soffio della tramontana.

VI

IL FUSO AL FUOCO

E per nove anni ogni anno udì la voce,
di su le nubi, delle gru raminghe
che diceano, Ara, che diceano, Dormi;
ed alternando squilli di battaglia
coi remi in lunghe righe battean l'aria:
mentre noi guerreggiamo, ara, o villano;
dormi, o nocchiero, noi veleggeremo.
E il canto il cuore dell'Eroe mangiava,
chiuso alle genti come un aratore
cui per sementa mancano i due bovi.
Sedeva al fuoco, e la sua vecchia moglie,
la bene oprante, contro lui sedeva,
tacita E per le fauci del camino
fuligginose, allo spirar de' venti
umidi, ardeano fisse le faville;
ardean, lievi sbraciando, le faville
sul putre dorso dei lebeti neri.
Su quelle intento si perdea con gli occhi
avvezzi al cielo il corridor del mare.
E distingueva nel sereno cielo
le fuggitive Pleiadi e Boote
tardi cadente e l'Orsa, anche nomata
il Carro, che lì sempre si rivolge,
e sola è sempre del nocchier compagna.
    E il fulgido Odisseo dava la vela
al vento uguale, e ferme avea le scotte,
e i buoni suoi remigatori stanchi
poneano i remi lungo le scalmiere
La nave con uno schioccai di tela

correa da sè nella stellata notte,
e prendean sonno i marinai su i banchi,
e lei portava il vento e il timoniere.
L' Eroe giaceva in un' irsuta pelle,
sopra coperta, a poppa della nave,
e, dietro il capo, si fendeva il mare
con lungo scroscio e subiti barbagli.
Egli era fisso in alto, nelle stelle,
ma gli occhi il sonno gli premea, soave,
e non sentiva se non sibilare
la brezza nelle sartie e nelli stragli.
E la moglie appoggiata all' altro muro
faceva assiduo sibilare il fuso.

VII

LA ZATTERA

E gli dicea la veneranda moglie:
Divo Odisseo, mi sembra oggi quel giorno
che ti rividi. Io ti sedea di contro,
qui, nel mio seggio. Stanco eri di mare,
eri, divo Odisseo, sazio di sangue!
Come ora. Muto io ti vedeva al lume
del focolare, fissi gli occhi in giù.
Fissi in giù gli occhi, presso la colonna,
egli taceva; chè ascoltava il cuore
suo che squittiva come cane in sogno.
E qualche foglia d' ellera sul ciocco
secco crocchiava, e d' uno stizzo il vento
uscia fischiando; ma l' Eroe crocchiare
udiva un po' la zattera compatta,
opera sua nell' isola deserta.

Su la decimottava alba la zattera
egli sentì brusca salire al vento
stridulo; e l'uomo su la barca solo
era, e sola la barca era sul mare:
soli con qualche errante procellaria.
E di là donde tralucea già l'alba,
ora appariva una catena fosca
d'aeree nubi, e torbide a prua l'onde
picchiavano; ecco e si sventò la vela.
    E l'uomo allora udì di contro un canto
di torte conche, e divinò che dietro
quelle il nemico, il truce dio del mare,
venìa tornando ai suoi cerulei campi.
Lui vide, e rise il dio con uno schianto
secco di tuono che rimbombò tetro;
e venne. Udiva egli lo sciabordare
delle ruote e il nitrir degl'ippocampi.
E volavano al cielo alto le schiume
dalle lor bocche masticanti il morso;
e l'uragano fumido di sghembo
sferzava lor le groppe di serpente.
Soli nel mare erano l'uomo e il nume;
e il nume ergeva su l'ondate il torso
largo, e scoteva il gran capo; e tra il nembo
folgoreggiava il lucido tridente.
    E il Laertiade al cuore suo parlava,
ch'altri non v'era; e sotto avea la barra.

VIII

LE RONDINI

E per nove anni egli aspettò la morte
che fuor del mare gli dovea soave
giungere; e sì, nel decimo, su l' alba,
giunsero a lui le rondini, dal mare.
Egli dormia sul letto traforato .
cui sosteneva un ceppo d' oleastro
barbato a terra; e marinai sognava
parlare sparsi per il mare azzurro.
E si destò con nell' orecchio infuso
quel vocìo fioco; ed ascoltò seduto:
erano rondini, e sonava intorno
l' umbratile atrio per il lor sussurro.
E si gittò su gli omeri le pelli
caprine, ai piedi si legò le dure
uose bovine; e su la testa il lupo
facea nell' ombra biancheggiar le zanne.
E piano uscì dal talamo, non forse
udisse il lieve cigolìo la moglie;
ma lei teneva un sonno alto, divino,
molto soave, simile alla morte.
E il timone staccò dal focolare,
affumicato, e prese una bipenne.
Ma non moveva il molto accorto al mare,
subito, sì per colli irti di quercie,
per un vïotterello aspro, e mortali
trovò ben pochi per la via deserta;
e disse a un mandriano segaligno,
che per un pioppo secco era la scure;

e disse ad una riccioluta ancella,
che per uno stabbiolo era il timone:
così parlava il tessitor d'inganni,
e non senz'ali era la sua parola.
E poi soletto deviò volgendo
l'astuto viso al fresco alito salso.
Le quercie ai piedi gli spargean le foglie
roggie che scricchiolavano al suo passo.
Gemmava il fico, biancheggiava il pruno,
e il pero avea ne' rosei bocci il fiore.
E di su l'alto Nerito il cuculo
contava arguto il su e giù dell'onde.
E già l'Eroe sentiva sotto i piedi
non più le foglie ma scrosciar la sabbia;
nè più pruni fioriti, ma vedeva
i giunchi scabri per i bianchi nicchi;
e infine apparve avanti al mare azzurro
l'Eroe vegliardo col timone in collo
e la bipenne, e l'inquieto mare,
mare infinito, fragoroso mare,
su la duna lassù lo riconobbe
col riso innumerevole dell'onde.

IX

IL PESCATORE

Ma lui vedendo, ecco di subito una
rondine deviò con uno strillo.
Ch'ella tornava. Ora Odisseo con gli occhi
cercava tutte il grigio lido curvo,
s'egli vedesse la sua nave in secco.

Ma non la vide; e vide un uomo, un vecchio
di triti panni, chino su la sabbia
raspare dove boccheggiava il mare
alternamente. A lui fu sopra, e disse:
    Abbiamo nulla, o pescator di rena?
Ben vidi, errando su la nave nera,
uomo seduto in uno scoglio aguzzo
reggere un filo pendulo sul flutto;
ma il lungo filo tratto giù dal piombo
porta ai pesci un adunco amo di bronzo
che sì li uncina; e ne schermisce il morso
un liscio cerchio di bovino corno.
Chè l'uomo, quando è roso dalla fame,
mangia anche il sacro pesce che la carne
cruda divora. Io vidi, anzi, mortali
gittar le reti dalle curve navi,
sempre aliando sui pescosi gorghi,
come le folaghe e gli smerghi ombrosi.
E vidi i pesci nella grigia sabbia
avvoltolarsi, per desìo dell'acqua,
versati fuori della rete a molte
maglie; e morire luccicando al sole.
Ma non vidi senz'amo e senza rete
niuno mai fare tali umide prede,
o vecchio, e niuno farsi mai vivanda
di tali scabre chiocciole dell'acqua,
che indosso hanno la nave, oppur dei granchi,
che indosso hanno l'incudine dei fabbri.
    E il malvestito al vecchio Eroe rispose:
Tristo il mendico che al convito sdegna
cibo che lo scettrato re gli getta,
sia tibia ossuta od anche pingue ventre.
Chè il Tutto, buono, ha tristo figlio: il Niente.
Prendo ciò che il mio grande ospite m'offre,

che dona, cupo brontolando in cuore,
ma dona: il mare fulgido e canoro,
ch' è sordo in vero, ma più sordo è l' uomo.
    Or al mendico il vecchio Eroe rispose:
O non ha la rupestre Itaca un buono
suo re ch' ha in serbo molto bronzo e oro?
che verri impingua, negli stabbi, e capre?
cui molto odora nei canestri il pane?
Non forse il senno d' Odisseo qui regge,
che molto errò, molto in suo cuor sofferse?
e fu pitocco e malvestito anch' esso.
Non sai la casa dal sublime tetto,
del Laertiade fulgido Odisseo?

X

LA CONCHIGLIA

    Il malvestito non volgeva il capo
dal mare alterno, ed al ricurvo orecchio
teneva un' aspra tortile conchiglia,
come ascoltasse. Oi all' Erce rispose:
    O Laertiade fulgido Odisseo,
so la tua casa. Ma non io pitocco
querulo sono, poi che fui canoro
eroe, maestro io solo a me. Trovai
sparsi nel cuore gl' infiniti canti.
A te cantai, divo Odisseo, da quando
pieno di morti fu l' umbratile atrio,
simili a pesci quali il pescatore
lasciò morire luccicando al sole.

E vedo‑ancor le schiave moriture
terger con acqua e con porose spugne
il sangue, e molto era il singulto e il grido.
A te cantavo, e tu bevendo il vino
cheto ascoltavi. E poi t'increbbe il detto
minor del fatto. Ascolto or io l'aedo,
solo, in silenzio. Chè gittai la cetra,
io. La raccolse con la mano esperta
solo di scotte un marinaio, un vecchio
dagli occhi rossi. Or chi la tocca? Il vento.
    Or all' Aedo il vecchio Eroe rispose:
Terpiade Femio, e me vecchiezza offese
e te: chè tolse ad ambedue piacere
ciò che già piacque. Ma non mai che nuova
non mi paresse la canzon più nuova
di Femio, o Femio; più nuova e più bella:
m'erano vecchie d' Odisseo le gesta.
Sonno è la vita quando è già vissuta:
sonno; chè ciò che non è tutto, è nulla.
Io, desto alfine nella patria terra,
ero com' uomo che nella novella
alba sognò, nè sa qual sogno, e pensa
che molto è dolce a ripensar qual era.
Or io mi voglio rituffar nel sonno,
s'io trovi in fondo dell' oblìo quel sogno.
Tu verrai meco. Ma mi narra il vero:
qual canto ascolti, di qual dolce aedo?
Ch'io non so, nella scabra isola, che altri
abbia nel cuore inseminati i canti.
    E il vecchio Aedo al vecchio Eroe rispose:
Questo, di questo. Un nicchio vile, un lungo
tortile nicchio, aspro di fuori, azzurro
di dentro, e puro, non, Eroe, più grande
del nostro orecchio; e tutto ha dentro il mare,

con le burrasche e le ritrose calme,
coi venti acuti e il ciangottìo dell' acque.
Una conchiglia, breve, perchè l' oda
il breve orecchio, ma che il tutto v' oda;
tale è l' aedo. Pure a te non piacque.
    Con un sorriso il vecchio Eroe rispose.
Terpiade Femio, assai più grande è il mare!

                        XI

                LA NAVE IN SECCO

    E il vecchio Aedo e il vecchio Eroe movendo
seguian la spiaggia del sonante mare,
molto pensando, e là, sul curvo lido,
piccola e nera, apparve lor la nave.
Vedean la poppa, e n' era lunga l' ombra
sopra la sabbia; nè molt' alto il sole.
E sopra lei bianchi tra mare e cielo
galleggiavano striduli gabbiani.
E vide l' occhio dell' Eroe che fresca
era la pece; e vide che le pietre
giaceano in parte, chè placato il vento
già non faceva più blandir la nave;
e vide in giro dagli scalmi acuti
pender gli stroppi di bovino cuoio;
e vide dal righino alto di poppa
sporger le pale di ben fatti remi.
Gli rise il cuore, poi che pronta al corso
era la nave; e le moveva intorno,
come al carro di guerra agile auriga

prima di addurre i due cavalli al giogo.
E venuto alla prua rossa di minio,
sopra la sabbia vide assisi in cerchio
i suoi compagni, tutti volti al mare
tacitamente; e si godeano il sole,
e la primaverile brezza arguta
s'udian fischiare nelle bianche barbe.
　　Sedean come per uso i longiremi
vecchi compagni d'Odisseo sul lido,
e da dieci anni lo attendean sul mare
col tempo bello e con la nuova aurora.
E veduta la rondine, le donne
recavano alla nave alte sul capo
l'anfore piene di fiammante vino
e pieni d'orzo triturato gli otri.
E prima che la nuova alba spargesse
le rose in cielo, essi veniano al mare,
i longiremi d'Odisseo compagni,
reggendo sopra il forte omero i remi,
ognuno il suo. Poi su la rena assisi
stavano, sotto la purpurea prora,
con gli occhi rossi a numerar l'ondate,
ad ascoltarsi il vento nelle barbe,
ad ascoltare striduli gabbiani,
cantare in mare marinai lontani.
Poi quando il sole si tuffava e quando
sopra venìa l'oscurità, ciascuno
prendeva il remo, ed alle sparse case
tornavan muti per le strade ombrate.

XII

IL TIMONE

Ed ecco, appena il vecchio Eroe comparve,
sorsero tutti, fermi in lui con gli occhi.
Come quando nel verno ispido i bovi
giacciono, avvinti, innanzi al lor prèsepe;
sdraiati a terra ruminano il pasto
povero, mentre frusciano l'acquate;
se con un fascio d'odoroso fieno
viene il bifolco, sorgono, pur lentamente, nè gli occhi stolgono dal fascio:
così sorsero i vecchi, ma nessuno
gli andava, stretto da pudor, più presso.
Ed egli, sotto il teschio irto del lupo,
così parlò tra lo sciacquìo del mare:
Compagni, udite ciò che il cuor mi chiede
sino da quando ritornai per sempre.
Per sempre? chiese, e, No, rispose il cuore.
Tornare, ei volle, terminar, non vuole.
Si desse, giunti alla lor selva, ai remi
barbàre in terra e verzicare abeti!
Ma no! Nè può la nera nave al fischio
del vento dar la tonda ombra di pino.
E pur non vuole il rosichìo del tarlo,
ma l'ondata, ma il vento e l'uragano.
Anch'io la nube voglio, e non il fumo,
il vento, e non il sìbilo del fuso,
non l'ozïoso fuoco che sornacchia,
ma il cielo e il mare che risplende e canta.
Compagni, come il nostro mare io sono,
ch'è bianco all'orlo, ma cilestro in fondo.

Io non so che, lasciai, quando alla fune
diedi, lo stolto che pur fui, la scure;
nell'antro a mare ombrato da un gran lauro,
nei prati molli di viola e d'appio,
o dove erano cani d'oro a guardia,
immortalmente, della grande casa,
o dove uomini in forma di leoni
battean le lunghe code in veder noi,
o non so dove. E vi ritorno. Io vedo
che ciò che feci è già minor del vero.
Voi lo sapete, che portaste al lido
negli otri l'orzo triturato, e il vino
color di fiamma nel ben chiuso doglio,
che l'uno è sangue e l'altro a noi midollo.
E spalmaste la pece alla carena,
ch'è come l'olio per l'ignudo atleta;
e portaste le gomene che serpi
dormono in groppo o sibilano ai venti;
e toglieste le pietre, anche portaste
l'aerea vela; alla dormente nave,
che sempre sogna nel giacere in secco,
portaste ognun la vostra ala di remo;
e ora dunque alla ben fatta nave
che manca più, vecchi compagni? Al mare
la vecchia nave: amici, ecco il timone.
  Così parlò tra il sussurrìo dell'onde.

XIII

LA PARTENZA

Ed ecco a tutti colorirsi il cuore
dell'azzurro color di lontananza;
e vi scorsero l'ombra del Ciclope
e v'udirono il canto della Maga:
l'uno parava sufolando al monte
pecore tante, quante sono l'onde;
l'altra tessea cantando l'immortale
sua tela così grande come il mare.
E tutti al mare trassero la nave
su travi tonde, come su le ruote;
e avvinsero gli ormeggi ad un lentisco
che verzicava sopra un erto scoglio;
e già salito, il vecchio Eroe nell'occhio
fece passar la barra del timone;
e stette in piedi sopra la pedagna
Era seduto presso lui l'Aedo.
E con un cenno fece ai remiganti
salir la nave ed impugnare il remo:
sedevano essi con ne' pugni il remo.
Egli tagliò la fune con la scure.
E cantava un cuculo tra le fronde,
cantava nella vigna un potatore,
passava un gregge lungo su la rena
con incessante gemere d'agnelli,
ricciute donne in lavatoi perenni
batteano a gara i panni alto cianciando,
e dalle case d'Itaca rupestre
balzava in alto il fumo mattutino
E i marinai seduti alle scalmiere

tacean coi remi biancheggiare il flutto.
  E Femio vide sopra un alto groppo
di cavi attorti la vocal sua cetra,
la cetra ch'egli avea gittata, e un vecchio
dagli occhi rossi lieto avea raccolta
e portata alla nave, ai suoi compagni;
ed era a tutti, l'aurea cetra, a cuore,
come a bambino infante un rondinotto
morto, che così morto egli carezza
lieve con dita inabili e gli parla,
e teme e spera che gli prenda il volo.
E Femio prese la sua cetra, e lieve
la toccò, poi, forte intonò la voga
ai remiganti. E quell'arguto squillo
svegliò nel cuore immemore dei vecchi
canti sopiti; e curvi sopra i remi
cantarono con rauche esili voci.
— Ecco la rondine! Ecco la rondine! Apri!
ch'ella ti porta il bel tempo, i belli anni.
È nera sopra, ed il suo petto è bianco.
È venuta da uno che può tanto.
Oh! apriti da te, uscio di casa,
ch'entri costì la pace e l'abbondanza,
e il vino dentro il doglio da sè vada
e il pane d'orzo empia da sè la madia.
Uno anc'a noi, col sesamo, puoi darne!
Presto, chè non siam qui per albergare.
Apri, chè sto su l'uscio a piedi nudi!
Apri, chè non siam vecchi ma fanciulli! —

XIV

IL PITOCCO

Cantavano; e il lor canto era fanciullo,
dei tempi andati, non sapean che quello
e nella stiva in cui giaceva immerso
nel dolce sonno, si stirò le braccia
e si sfregò le palpebre coi pugni
Iro, il pitocco E niuno lo sapeva
laggiù, qual grosso baco che si chiude
in un irsuto bozzolo lanoso,
forse a dormire. Chè solea nel verno·
lì nella nave d'Odisseo dormire,
se lo cacciava dalla calda stalla
l'uomo bifolco, o s'ei temeva i cani
del pecoraio. Nella buona estate
dormia sotto le stelle alla rugiada.
Ora quivi obliava la vecchiaia
trista e la fame: quando il suono e il canto
lo destò Dentro gli ondeggiava il cuore:
 Non odo il suono della cetra arguta?
Dunque non era sogno il mio, che or ora
portavo ai proci, ai proci morti, un messo;
ed ecco nell'opaco atrio la cetra
udivo, e le lor voci esili e rauche.
 Invero udiva il tintinnio tuttora
e il canto fioco tra il fragor dell'onde,
qual di querule querule ranelle
per un'acquata, quando ancor c'è il sole.
 E tra sè favellava Iro il pitocco:
O son presso ad un vero atrio di vivi?
e forse alcuno mi tirò pel piede

sino al cortile, poi che la mascella
sotto l'orecchio mi fiaccò col pugno?
Come altra volta, che Odisseo divino
lottò con Iro, malvestiti entrambi.
  Così pensando si rizzò sui piedi
e su le mani, e gli fiottava il capo,
e movendo traballava come ebbro
di molto vino; e ad Odisseo comparve,
nuotando a vuoto, ed ai remigatori,
terribile. Ecco e s'interruppe il canto,
e i remi alzati non ripreser l'acqua,
e la nave da prua si drizzò, come
cavallo indomito, e lanciò supino,
a piè di Femio e d'Odisseo seduti,
Iro il pitocco. E lo conobbe ognuno
quando, abbrancati i lor ginocchi, sorse
inginocchioni, e gli grondava il sangue
giù per il mento dalle labbra e il naso.
E un dolce riso si levò di tutti,
alto, infinito. Ed egli allor comprese,
e vide dileguare Itaca, e vide
sparir le case, onde balzava il fumo;
e le due coscie si percosse e pianse.
  E sorridendo il vecchio Eroe gli disse:
Soffri. Hai qui tetto e letto, e orzo e vino,
Sii nella nave il dispensier del cibo,
e bevi e mangia e dormi, Iro non-Iro.

XV

LA PROCELLA

E sopra il flutto nove dì la nave
corse sospinta dal remeggio alato,
e notte e giorno, chè Odisseo due schiere
dinumerò degl'incliti compagni;
e l'una al sonno e l'altra 'era alla voga.
Nel decimo l'aurora mattiniera
a un lieve vento dispergea le rose.
Ei dalla scassa l'albero d'abete
levò, lo congegnò dentro la mastra,
e con drizze di cuoio alzò la vela,
ben torto, e saldi avvinse alle caviglie
di prua li stragli, ma di poppa i bracci.
E il vento urtò la vela in mezzo, e il flutto
rumoreggiava intorno alla carena
E legarono allora anche le scotte
lungo la nave che correa veloce.
e pose in mezzo un'anfora di vino
Iro il pitocco, ed arrancando intorno
lo ministrava ai marinai seduti,
e sorse un riso. E nove dì sul flutto
li resse in corsa il vento e il timoniere.
Nel decimo tra nubi era l'aurora,
e venne notte, ed una aspra procella
tre quattro strappi fece nella vela;
e il Laertiade ammainò la vela,
e disse a tutti di gettarsi ai remi,
ed essi curvi sopra sè di forza
remigavano. E nove dì sbalzati

eran dai flutti e da funesti venti.
Infine i-venti rappaciati e i flutti,
sul far di sera, videro una spiaggia.
A quella spinse il vecchio Eroe la nave,
in un seno tranquillo come un letto.
E domati da sonno e da stanchezza,
dormian sul lido, ove batteva l' onda.

Ma non dormiva egli, Odisseo, pur vinto
dalla stanchezza. Chè pensava in cuore
d' essere giunto all' isola di Circe:
vedea la casa di pulite pietre,
come in un sogno, e sorgere leoni
lenti, e le rosse bocche allo sbadiglio
aprire, e un poco già scodinzolare;
e risonava il grande atrio del canto
di tessitrice. Ora Odisseo parlava:

Terpiade Femio, dormi? Odimi: il sogno
dolce e dimenticato ecco io risogno!
Era l' amore; ch' ora mi sommuove,
come procella omai finita, il cuore.

Diceva; e nella notte alta e serena
dormiva il vento, e vi sorgea la falce,
su macchie e selve, della bianca luna
già presso al fine, e s' effondea l' olezzo
di grandi aperti calici di fiori
non mai veduti. Ed il gran mare ancora
si ricordava, e con le lunghe ondate
bianche di schiuma singhiozzava al lido.

XVI

L' ISOLA EEA

E con la luce rosea dell'aurora
s' avvide, ch' era l' isola di Circe.
E disse a Femio, al molto caro Aedo:
Terpiade Femio, vieni a me compagno
con la tua cetra, ch' ella oda il tuo canto
mortale, e tu l' eterno inno ne apprenda.
E disse ad Iro, dispensier del cibo:
Con gli altri presso il grigio mar tu resta,
e mangia e bevi, ch' ella non ti batta
con la sua verga, e n' abbi poi la ghianda
per cibo, e pianga, sgretolando il cibo,
con altra voce, o Iro non - più - Iro.
Così diceva sorridendo, e mosse
col dolce Aedo, per le macchie e i boschi,
e vide il passo donde l' alto cervo
d' arboree corna era disceso a bere.
Ma non vide la casa alta di Circe.
Oi a lui disse il molto caro Aedo:
C' è addietro. Una tempesta è il desiderio,
ch' agli occhi è nube quando ai piedi è vento.
Ma il luogo egli conobbe, ove gli occorse
il dio che salva, e riconobbe il poggio
donde strappò la buona erba, che nera
ha la radice, e come latte il fiore.
E non vide la casa alta di Circe.
Or a lui disse il molto caro Aedo:
C' è innanzi. La vecchiezza è una gran calma,
che molto stanca, ma non molto avanza.
E proseguì pei monti e per le valli,

e selve e boschi, attento s' egli udisse
lunghi sbadigli di leoni, désti
al lor passaggio, o l' immortal canzone
di tessitrice, della dea vocale.
E nulla udì nell' isola deserta,
e nulla vide; e si tuffava il sole,
e la stellata oscurità discese.
   E l' Eroe disse al molto caro Aedo:
' Troppo nel cielo sono alte le stelle,
perchè la strada io possa ormai vedere.
Or qui dormiamo, ed assai caldo il letto
a noi facciamo; chè risorto è il vento.
   Disse, e ambedue si giacquero tra molte
foglie cadute, che ammucchiate al tronco
di vecchie quercie aveva la procella;
e parvero nel mucchio, essi, due tizzi,
vecchi, riposti con un po' di fuoco,
sotto la grigia cenere infeconda.
E sopra loro alta stormìa la selva.
Ed ecco il cuore dell' Eroe leoni
udì ruggire. Avean dormito il giorno,
certo, e l' eccelsa casa era vicina.
Invero intese anche la voce arguta,
in lontananza, della dea, che, sola,
non prendea sonno e ancor tessea notturna.
   Nè prendea sonno egli, Odisseo, ma spesso
si volgea su le foglie stridule aspre.

XVII

L' AMORE

E con la luce rosea dell'aurora
non udì più ruggito di leoni,
che stanchi alfine di vegliar, col muso
dormian disteso su le lunghe zampe.
Dormiva anch'ella, allo smorir dell'alba,
pallida e scinta sopra il noto letto.
E il vecchio Eroe parlava al vecchio Aedo:
   Prenda ciascuno una sua via: ch'è meglio.
Ma diamo un segno; con la cetra, Aedo,
tu, che ritrova pur da lungi il cuore.
Ma s'io ritrovi ciò che il cuor mi vuole,
ti getto allora un alalà di guerra,
quale gettavo nella mischia orrenda
eroe di bronzo sopra i morti ignudi,
io; che il cuore lo intenda anche da lungi.
   Disse, e taceva dei leoni uditi
nell'alta notte, e della dea canora.
   E prese ognuno la sua via diversa
per macchie e boschi, e monti e valli, e nulla
udì l'Eroe, se non ruggir le quercie
a qualche rara raffica, e cantare
lontan lontano eternamente il mare.
E non vide la casa, nè i leoni
dormir col muso su le lunghe zampe,
nè la sua dea. Ma declinava il sole,
e tutte già s'ombravano le strade.
E mise allora un alalà di guerra
per ritrovare il vecchio Aedo, almeno;
e porse attento ad ogni aura l'orecchio

se udisse almeno della cetra il canto;
e sì, l'udì; traendo a lei, l'udiva,
sempre più mesta, sempre più soave,
cantar l'amore che dormia nel cuore,
e che destato solo allor ti muore.
La udì più presso, e non la vide, e vide
nel folto mucchio delle foglie secche
morto l'Aedo; e forse ora, movendo
pel cammino invisibile, tra i pioppi
e i salici che gettano il lor frutto,
toccava ancora con le morte dita
l'eburnea cetra: così mesto il canto
n'era, e così lontano e così vano.
Ma era in alto, a un ramo della quercia,
la cetra arguta, ove l'avea sospesa
Femio, morendo, a che l'Eroe chiamasse
brillando al sole o tintinnando al vento:
al vento che scotea gli alberi, al vento
che portava il singulto ermo del mare.
E l'Eroe pianse, e s'avviò notturno
alla sua nave, abbandonando morto
il dolce Aedo, sopra cui moveva
le' foglie secche e l'aurea cetra il vento.

XVIII

L'ISOLA DELLE CAPRE

Indi più lungi navigò, più triste.
E corse i flutti nove dì la nave
or col remeggio or con la bianca vela.
E giunse alfine all'isola selvaggia
ch'è senza genti e capre sole alleva.

E qui vinti da sonno e da stanchezza
dormian sul lido a cui batteva l'onda.
    Ma con la luce rosea dell'aurora
vide Odisseo la terra dei Ciclopi,
non presso o lungi, e gli sovvenne il vanto
ch' ei riportò con la sua forza e il senno,
del mangiatore d'uomini gigante.
Ed oblioso egli cercò l'Aedo
per dire a lui: Terpiade Femio, il sogno
dolce e dimenticato io lo risogno:
era la gloria... Ma il vocale Aedo
dormìa sotto le stridule aspre foglie,
e la sua cetra là cantava al vento
il dolce amore addormentato in cuore,
che appena desto solo allor ti muore.
E l'Eroe disse ai vecchi remiganti:
    Compagni, udite. Qui non son che capre;
e qui potremmo d'infinita carne
empirci, fino a che sparisca il sole.
Ma no: le voglio prendere al pastore,
pecore e capre; ch'è, così, ben meglio.
È là, pari a un cocuzzolo silvestro,
quel mio pastore. Io l'accecai. Ma il grande
cuor non m'è pago. Egli implorò dal padre,
ch'io perdessi al ritorno i miei compagni,
e mal tornassi, e in nave d'altri, e tardi.
Or sappia che ho compagni e che ritorno
sopra nave ben mia dal mio ritorno.
Andiamo: a mare troveremo un antro
tutto coperto, io ben lo so, di lauro.
Avessi ancora il mio divino Aedo!
Vorrei che il canto d'Odisseo là dentro
cantasse, e quegli nel tornare all'antro
sostasse cieco ad ascoltar quel canto,

coi greggi attorno, il mento sopra il pino.
E io sedessi all'ombra sua, nel lido!
   Disse, e ai compagni longiremi ingiunse
di salir essi e sciogliere gli ormeggi.
Salirono essi, e in fila alle scalmiere
facean coi remi biancheggiare il flutto.
E giunti presso, videro sul mare,
in una punta, l'antro, alto, coperto
di molto lauro, e v'era intòrno il chiuso
di rozzi blocchi, e lunghi pini e quercie
altochiomanti. E il vecchio Eroe parlava:
   Là prendiam terra, ch'egli dal remeggio
non ci avvisti; ch'agli orbi occhio è l'orecchio;
e non ci avventi un masso, come quello
che troncò in cima di quel picco nero,
e ci scagliò. Rimbombò l'onda al colpo.
   Ed accennava un alto monte, tronco
del capo, che sorgeva solitario.

XIX

IL CICLOPE

   Ecco: ai compagni disse di restare
presso la nave e di guardar la nave.
Ed egli all'antro già movea, soletto,
per lui vedere non veduto, quando
parasse i greggi sufolando al monte.
Ora all'Eroe parlava Iro il pitocco:
   Ben verrei teco per veder quell'uomo
che tanto mangia, e portar via, se posso,
di sui cannicci, già scolati i caci,
e qualche agnello dai gremiti stabbi.

Poi ch'Iro ha fame E s'ei dentro ci fosse,
il gran Ciclope, sai ch'Iro è veloce
ben che non forte, è come Iri del cielo
che va sul vento con il piè di vento.

L'Eroe sorrise, e insieme i due movendo,
il pitocco e l'Eroe, giunsero all'antro.
Dentro e' non era Egli pasceva al monte
i pingui greggi. E i due meravigliando
vedean graticci pieni di formaggi,
e gremiti d'agnelli e di capretti
gli stabbi, e separati erano, ognuni
ne' loro, i primaticci, i mezzanelli
e i serotini. E d'uno dei recinti
ecco che uscì, con alla poppa il bimbo,
un'altocinta femmina, che disse:

Ospiti, gioia sia con voi. Chi siete?
donde venuti? a cambiar qui, qual merce?
Ma l'uomo è fuori, con la greggia, al monte;
tra poco torna, chè già brucia il sole.
Ma pur mangiate, se il tardar v'è noia.

Sorrise ad Iro il vecchio Eroe· poi disse:
Ospite donna, e più con te sia gioia.
Ma dunque l'uomo a venerare apprese
gli dei beati, ed ora sa la legge,
benchè tuttora abiti le spelonche,
come i suoi pari, per lo scabro monte?

E l'altocinta femmina rispose:
Ospite, ognuno alla sua casa 'è legge,
e della moglie e de' suoi nati è re.
Ma noi non depiediamo altri; ben altri,
ch'errano in vano su le nere navi,
come ladroni, a noi pecore o capre
hanno predate. Altrui portando il male
rischian essi la vita Ma voi siete·

vecchi, e cercate un dono qui, non prede.
   Verso Iro il vecchio anche ammiccò : poi disse :
Ospite donna, ben di lui conosco
quale sia l'ospitale ultimo dono.
   Ed ecco un grande tremulo belato
s'udì venire, e un suono di zampogna,
e sufolare a pecore sbandate;
e ne' lor chiusi si levò più forte
il vagir degli agnelli e dei capretti.
Ch'egli veniva, e con fragore immenso
depose un grande carico di selva
fuori dell'antro; e ne rintronò l'antro.
E Iro in fondo s'appiattò tremando.

                        XX

                     LA GLORIA

   E l'uomo entrò, ma l'altocinta donna
gli venne incontro, e lo seguiano i figli
molti, e le molte pecore e le capre
l'una all'altra addossate erano impaccio,
per arrivare ai piccoli. E infinito
era il belato, e l'alte grida, e il fischio.
Ma in breve tacque il gemito, e ciascuno
suggea scodinzolando la sua poppa.
   E l'uomo vide il vecchio Eroe che in cuore
meravigliava ch'egli fosse un uomo;
e gli parlò con le parole alate :
   Ospite, mangia. Assai per te ne abbiamo.
Ed al pastore il vecchio Eroe rispose :
   Ospite, dimmi. Io venni di lontano,
molto lontano; eppur io già, dal canto

d' erranti aedi, conoscea quest' antio.
Io sapea d' un enorme uomo gigante
che vivea tra infinite greggie bianche,
selvaggiamente, qui su i monti, solo
come un gran picco; con un occhio tondo...
    Ed il pastore al vecchio Eroe rispose:
Venni di dentro terra, io, da molt' anni;
e nulla seppi d' uomini giganti.
    E l' Eroe riprendeva, ed i fanciulli
gli erano attorno, del pastore, attenti:
che aveva solo un occhio tondo, in fronte,
come uno scudo bronzeo, come il sole,
acceso, vuoto. Verga un pino gli era,
e gli era il sommo d' un gran monte, pietra
da fionda, e in mare li scagliava, e tutto
bombiva il mare al loro piombar giù...
    Ed il pastore, tra i suoi pastorelli,
pensava, e disse all' altocinta moglie:
    Non forse è questo che dicea tuo padre?
Che un savio c' era, uomo assai buono e grande,
per qui, Telemo Eurymide, che vecchio
dicea che in mare piovea pietre, un tempo,
sì, da quel monte, che tra gli altri monti
era più grande, e che s' udian rimbombi
nell' alta notte, e che appariva un occhio
nella sua cima, un tondo occhio di fuoco...
    Ed al pastore chiese il moltaccorto:
E l' occhio a lui chi trivellò notturno?
    Ed il pastore ad Odisseo rispose:
Al monte? l' occhio? trivellò? Nessuno.
Ma nulla io vidi, e niente udii. Per nave
ci vien talvolta, e non altronde, il male.
    Disse: e dal fondo Iro avanzò, che disse:
Tu non hai che fanciulli per aiuto.

Prendi me, ben sì vecchio, ma nessuno
veloce ha il piede più di me, se debbo
cercar l'agnello o rintracciare il becco.
Per chi non ebbe un tetto mai, pastore,
quest'antro è buono. Io ti sarò garzone.

XXI

LE SIRENE

Indi più lungi navigò, più triste.
E stando a poppa il vecchio Eroe guardava
scuro verso la terra de' Ciclopi,
e vide dal cocuzzolo selvaggio
del'monte, che in disparte era degli altri,
levarsi su nel roseo cielo un fumo,
tenue, leggiero, quale esce su l'alba
dal fuoco che al pastore arse la notte.
Ma i remiganti curvi sopra i remi
vedeano, sì, nel violaceo mare
lunghe tremare l'ombre dei Ciclopi
fermi sul lido come ispidi monti.
E il cuore intanto ad Odisseo vegliardo
squittiva dentro, come cane in sogno:
  Il mio sogno non era altro che sogno;
e vento e fumo. Ma sol buono è il vero.
  E gli sovvenne delle due Sirene.
C'era un prato di fiori in mezzo al mare.
Nella gran calma le ascoltò cantare:
  Ferma la nave! Odi le due Sirene
ch'hanno la voce come è dolce il miele;
chè niuno passa su la nave nera

che non si fermi ad ascoltarci appena,
e non ci ascolta, che non goda al canto,
nè se ne va senza saper più tanto.
chè noi sappiamo tutto quanto avviene
sopra la terra dove è tanta gente!
   Gli sovveniva, e ripensò che Circe
gl'invidiasse ciò che solo è bello·
saper le cose E ciò dovea la Maga
dalle molt'erbe, in mezzo alle sue belve.
Ma l'uomo eretto, ch'ha il pensier dal cielo,
dovea fermarsi udire, anche se l'ossa
aveano poi da biancheggiar nel prato,
e raggrinzarsi intorno lor la pelle.
Passare ei non dovea oltre, se anco
gli si vietava riveder la moglie
e il caro figlio e la sua patria terra.   .
   E ai vecchi curvi il vecchio Eroe parlò:
Uomini, andiamo a ciò che solo è bene.
a udire il canto delle due Sirene.
Io voglio udirlo, eretto su la nave,
nè già legato con le funi ignave:
libero! alzando su la ciurma anela
la testa bianca come bianca vela,
e tutto quanto nella terra avviene
saper dal labbro delle due Sirene.
   Disse, e ne punse ai remiganti il cuore,
che seduti coi remi battean l'acqua,
saper volendo ciò che avviene in terra:
se avea fruttato la sassosa vigna,
se la vacca avea fatto, se il vicino
aveva d'orzo più raccolto o meno,
e che facea la fida moglie allora,
se andava al fonte, se filava in casa.

XXII

IN CAMMINO

Ed ecco giunse all' isola dei loti.
E sedean su la riva uomini e donne,
sazi di loto, in dolce oblìo composti.
E sorsero, ai canuti remiganti
offrendo più la floreal vivanda.
O così vecchi erranti per il mare,
mangiate il miele dell' oblìo, ch' è tempo!
Passò la nave, e lento per il cielo
il sonnolento lor grido vanì.
E quindi venne all' isola dei sassi.
E su le rupi stavano i giganti,
come in vedetta, e su la nave urlando
piovean pietre da carico con alto
fracasso. A stento si salvò la nave.
E quindi giunse all' isola dei morti.
E giacean lungo il fiume uomini e donne,
sazi di vita, sotto i salci e i pioppi.
Volsero il capo; e videro quei vecchi;
e alcuno il figlio ravvisò tra loro,
più di lui vecchio, e per pietà di loro
gemean: Venite a riposare: è tempo!
Passò la nave, ed esile sul mare
il loro morto mormorìo vanì.
E di lì venne all' isola del sole.
E pascean per i prati le giovenche
candide e nere, con le dee custodi.
Essi udiano mugliare nella luce
dorata. A stento lontanò la nave.
E di lì giunse all' isola del vento.

E sopra il muro d'infrangibil bronzo
vide i sei figli e le sei figlie a guardia.
E videro la nave essi, e nel bianco
suo timoniere, parso in prima un cigno
o una cicogna, uno Odisseo conobbe,
che così vecchio anco sfidava i venti;
e con un solo sibilo sul vecchio
scesero insieme di sul liscio masso

Ed ora l'ira li portò, dei venti,
per giorni e notti, e li sospinse verso
le rupi erranti, ma così veloce,
che a mezzo un cozzo delle rupi dure
come uno strale scivolò la nave.

E allora l'aspra raffica discorde
portava lei contro Cariddi e Scilla.
E già l'Eroe sentì Scilla abbaiare,
come inquieto cucciolo alla luna,
sentì Cariddi brontolar bollendo,
come il lebete ad una molta fiamma;
e le dodici branche avventò Scilla,
ed assorbì la salsa acqua Cariddi:
invano. Era passata oltre la nave.

E tornarono i venti alla lor casa
cinta di bronzo, mormorando cupi
tra loro, in rissa. E venne un'alta calma
senza il più lieve soffio, e sopra il mare
un dio forse era, che addormentò l'onde.

XXIII

IL VERO

Ed il prato fiorito era nel mare,
nel mare liscio come un cielo; e il canto
non risonava delle due Sirene,
ancora, perchè il prato era lontano.
E il vecchio Eroe sentì che una sommessa
forza, corrente sotto il mare calmo,
spingea la nave verso le Sirene;
e disse agli altri d'inalzare i remi:
La nave corre ora da sè, compagni!
Non turbi il rombo del remeggio i canti
delle Sirene. Ormai le udremo. Il canto
placidi udite, il braccio su lo scalmo.
E la corrente tacita e soave
più sempre avanti sospingea la nave.
E il divino Odisseo vide alla punta
dell'isola fiorita le Sirene
stese tra i fiori, con il capo eretto
su gli oziosi cubiti, guardando
il mare calmo avanti sè, guardando
il roseo sole che sorgea di contro;
guardando immote; e la lor ombra lunga
dietro rigava l'isola dei fiori.
Dormite? L'alba già passò. Già gli occhi
vi cerca il sole tra le ciglia molli.
Sirene, io sono ancora quel mortale
che v'ascoltò, ma non potè sostare.
E la corrente tacita e soave
più sempre avanti sospingea la nave.
E il vecchio vide che le due Sirene,

le ciglia alzate su le due pupille,
avanti sè miravano, nel sole
fisse, od in lui, nella sua nave nera.
E su la calma immobile del mare,
alta e sicura egli inalzò la voce.
    Son io! Son io, che torno per sapere! ·
Chè molto io vidi, come voi vedete
me. Sì; ma tutto ch' io guardai nel mondo, ·
mi riguardò; mi domandò: Chi sono?
    E la corrente rapida e soave
più sempre avanti sospingea la nave.
    E il vecchio vide un grande mucchio d'ossa
d' uomini, e pelli raggrinzate intorno,
presso le due Sirene, immobilmente
stese sul lido, simili a due scogli.
    Vedo. Sia pure. Questo duro ossame
cresca quel mucchio Ma, voi due, parlate!
Ma dite un vero, un solo a me, tra il tutto,
prima ch' io muoia, a ciò ch' io sia vissuto!
    E la corrente rapida e soave
più sempre avanti sospingea la nave.
    E s' ergean su la nave alte le fronti,
con gli occhi fissi, delle due Sirene.
    Solo mi resta un attimo. Vi prego!
Ditemi almeno chi son io! chi ero!
    E tra i due scogli si spezzò la nave.

XXIV

CALYPSO

E il mare azzurro che l'amò, più oltre
spinse Odisseo, per nove giorni e notti,
e lo sospinse all'isola lontana,
alla spelonca, cui fioriva all'orlo
carica d'uve la pampinea vite.
E fosca intorno le crescea la selva
d'ontani e d'odoriferi cipressi;
e falchi e gufi e garrule cornacchie
v'aveano il nido. E non dei vivi alcuno,
nè dio nè uomo, vi poneva il piede.
Or tra le foglie della selva i falchi
battean le rumorose ale, e dai buchi
soffiavano, dei vecchi alberi, i gufi,
e dai rami le garrule cornacchie
garrian di cosa che avvenia nel mare.
Ed ella che tessea dentro cantando,
presso la vampa d'olezzante cedro,
stupì, frastuono udendo nella selva,
e in cuore disse: Ahimè, ch'udii la voce
delle cornacchie e il rifiatar dei gufi!
E tra le dense foglie aliano i falchi.
Non forse hanno veduto a fior dell'onda
un qualche dio, che come un grande smergo
viene sui gorghi sterili del mare?
O muove già senz'orma come il vento,
sui prati molli di viola e d'appio?
Ma mi sia lungi dall'orecchio il detto!
In odio hanno gli dei la solitaria
Nasconditrice. E ben lo so, da quando

l' uomo che amavo, rimandai sul mare
al suo dolore O che vedete, o gufi
dagli occhi tondi, e garrule cornacchie?
   Ed ecco usciva con la spola in mano,
d' oro, e guardò. Giaceva in terra, fuori
del mare, al piè della spelonca, un uomo,
sommosso ancor dall'ultim'onda: e il bianco
capo accennava di saper quell' antro,
tremando un poco, e sopra l'uomo un tralcio
pendea con lunghi grappoli dell' uve.
   Era Odisseo: lo riportava il mare
alla sua dea; lo riportava morto
alla Nasconditrice solitaria,
all' isola deserta che frondeggia
nell' ombelico dell' eterno mare.
Nudo tornava chi rigò di pianto
le vesti eterne che la dea gli dava;
bianco e tremante nella morte ancora,
chi l' immortale gioventù non volle.
   Ed ella avvolse l' uomo nella nube
dei suoi capelli; ed ululò sul flutto
sterile, dove non l' udia nessuno:
— Non esser mai! non esser mai! più nulla,
ma meno morte, che non esser più! —

IL POETA DEGLI ILOTI

IL GIORNO

Figlio di Dio, molto giocondo in cuore
prendesti terra in Aulide pietrosa!
Tornavi tu dal suolo degli Abanti
ricco di vigne, dalla popolata
di belle donne Calcide; nè prima
d'allora avevi traversato il mare.
Ma il largo mare traversasti allora;
chè il re, più re degli uomini mortali,
era là morto, ed una gara indetta
e di lotte e di corse era, e di canto.
E tu nel canto ogni cantor vincesti,
anche il vecchio di Chio, cieco e divino,
col tuo ben congegnato inno di guerra.
Ed ora sceso dalla nera nave
movevi ad Ascra, assai giocondo in cuore;
chè per la via ti camminava a paro
un curvo schiavo, che reggea sul dorso
il premio illustre: un tripode di bronzo.

Chè l'orecchiuto tripode di bronzo
gravava in prima al buon Ascreo le spalle;
e prima l'una, e l'altra poi; chè grave

era, di bronzo; e poi l'avea per l'anse,
sospeso al ramo ch'era suo, d'alloro;
e lo portava: ma venuto a un grande
platano, donde chiara acqua sgorgava,
sostò, già stanco. Ed era quello il fonte
dove il segno gli Achei videro, d'otto
passeri implumi, e nove, con la madre.
E di passeri il platano sul fonte
garriva ancora, e il buon Ascreo li udiva,
pensando in cuore un nuovo inno di guerra.
E riprendeva già la via, col caro
tripode, in dosso, che brillava al sole,
quando sovvenne un viator che bevve;
e seguitò. Ma poco dopo « O vecchio, »
disse, « ch'io porti il tuo laveggio: è peso ».

E tolse prima il tripode, che l'altro
gli rispondesse. dopo, gli rispose:
« Grave era, è grave. Ed anche tu sei vecchio ».
« Ma sono schiavo » gli rispose il vecchio:
« schiavo, e dal monte Citerone io venni
menando al mare, ad una curva nave,
due bei vitelli, nati schiavi anch'essi.
Torno al padrone. Ma tu dove, o babbo? »
« Ad Ascra· ad Ascia, misero villaggio,
tristo al freddo, aspro al caldo, e non mai buono »
E non addimandato altro gli disse:
« Venni per mare, ad Aulide. ho passato
l'Euripo. Indetta a Calcide una gara
e di lotte e di corse era, e di canto.
Vinsi codesto tripode di bronzo
cantando gesta degli eroi... ». « Sei dunque
rapsodo errante, e sai le false cose
far come vere, ma non dir le vere ».

Non rispondeva il vecchio Ascreo, chè tutto
era in pensar le mille navi in porto,
mentre sul curvo lido la procella
scotea le chiome degli Achei chiomanti.
E il sole erà già caldo, e la campagna
fervea di mugli. Chè la pioggia a lungo
nei dì passati avea temprato il suolo,
e i contadini aravano le salde,
ed era tempo d'affidar le fave
ai solchi neri, e la lenticchia ai rossi.
E nudo un uomo traea giù da un carro,
presso la strada, con un suo ronciglio,
il pingue concio. E il buon Ascreo ne torse
il volto offeso. Ma lo schiavo curvo
sotto il ben fatto tripode di bronzo,
disse gioia a quel nudo uomo, e quel concio
lodò, maturo. E brontolò stradando:
« Ben fa, chi fa. Sol chi non fa, fa male ».

Ed era presso mezzodì, nè casa
ora appariva, a cui cercare un dono
piccolo e caro. Chè tra rupi e cespi
di stipe in fiore essi ripiano, muti.
Taceva anche la lodola dal ciuffo;
anche il cantore. Egli tacea per l'astio
ch'altri tacesse. Ma lo schiavo andando
volgea lo sguardo alle inamene roccie.
E disse alfine: « Ecco! » E mostrò la roccia
verde, in un punto, per nascente ontano.
« C'è tutto, al mondo, ma nascosto è tutto.
Prima, cercare, e poi convien raspare ».
Egli depose il tripode di bronzo,
raspò, rinvenne un sottil filo d'acqua.

Poi dal laveggio che brillava al sole.
un pane trasse, che v' avea deposto,
e lo partì col buon Ascreo, dicendo:
« So ch' è più grande la metà che il tutto ».

Finito, prima che la fame, il cibo,
mossero ancora per la via rupestre .
che già scendeva. Ed ecco che lo schiavo .
guardando attorno vide una bolgetta
in un cespuglio. E presala, vi scòrse
splendere dentro due talenti d'oro.
E guardò giù per il sentiero, e scòrse
lontan lontano cavalcare un uomo.
E disse. « Padre, per un po' sul dorso
reggimi il grave tripode di bronzo,
chè n' avrei briga nel veloce corso ».
E corse, e giunse al cavalier, cui rese,
poi ch' egli suo glielo giurò, quell' oro.
Poi, trafelato, il buon Ascreo sorvenne.
« Facile t' era aver per te quell' oro! »
disse allo schiavo. E mormorò lo schiavo:
« Facile, sì. c' è poca strada al male.
Il male, o padre, è nostro casigliano ».

Così parlando andavano, e la strada
era già piana, e si vedean tuguri
di contadini ed ammuffiti borghi.
E lor giungea da tempo uno schiamazzo
di voci, come un abbaiar di cani
lontani. E sempre lor venìa più presso.
Erano gente che in un trivio aperto
rissavano con voci aspre di cani.
E alcun di loro già brandìa la zappa,

poi che l'irosa voce era già rauca;
quando lo schiavo nel buon punto accorse,

deposto in terra il tripode di bronzo;
e tenne l'uno e sgridò l'altro, e disse:
« Pace! È la pace che ralleva i bimbi.
Sono i pesci dell'acque, e son le fiere
dei boschi, e sono gli avvoltoi dell'aria,
ch' hanno per legge di mangiar l'un l'altro.
Gli uomini, no, chè la lor legge è il bene ».

E quelli ognun tornava all'intermessa
opera, in pace E i bovi sotto il giogo
rivedeano il lor uomo con un muglio,
compiendo il solco al suon della sua voce
ch'era arrochita; e le ricurve zappe
sfacean le zolle seppellendo il seme.
E lo schiavo riprese sopra il dorso
l'aspro di segni tripode di bronzo,
e riprendendo la sua via, diceva
ad un rubesto giovane: « Lavora,
o gran fanciullo, se la terra e il cielo
t'amino, amando essi chi lor somiglia!
Chè la nube carreggia, con un cupo
brontolio, l'acqua; e da lontano, ansando,
il vento viene; e infaticato il sole
torna ogni giorno. Ma la terra è tarda,
madre che fece tanti figli, e tutti
li ebbe alla poppa. O dàlle ora una mano! »

E lo schiavo stradò col suo cantore
a paro a paro. E già scendea la sera,
e velava una dolce ombra le strade.
Nè più borghi muffiti erano intorno,

nè casolari. Erano intorno macchie
folte di lauro che odorava al cielo.
E videro ambedue ch'era smarrita
ormai la strada. Ed il cantore stanco
disse allo schiavo: « Mal tu m'hai condotto ».
E gli rispose il paziente schiavo:
« In te fidavo. Chè del buon cammino
chi c'è, se non il buon cantor, maestro? »

II

LA NOTTE

    E sul lor capo era l'opaca notte
piena di stelle. E risplendea nel cielo
l'Orsa minore, che accennò qual fosse
la vera strada, nè però dall'alto
la rischiarava, colaggiù, nell'ombra.
E l'uomo allora e presso a lui lo schiavo
sostarono nel bosco ove in un giogo
s'allargava assai piana una radura,
donde era meglio preveder le fiere,
se alcuna v'era che traesse al fiuto.
E poi lo schiavo conficcò nel suolo
il suo bastone, e presso quello il ramo
di sacro lauro, del cantore, e sopra
la sua schiavina sciorinò, che fosse
schermo dal lato onde veniva il freddo.
E disse: « O padre, bene io so le notti
gelide, e il sonno sotto la rugiada.
Ma è ben tardi perchè tu l'impari ».

Ma allo schiavo il pio cantor rispose:
« Ospite caro, basta ch' io ricordi.
Ero fanciullo ed imparai le notti
gelide e il sonno sotto la rugiada.
Chè da fanciullo pascolai la greggia,
reggendo in mano la ricurva verga
del pecoraio, non lo scettro, ramo
di sacro alloro che, senz' altro squillo
d' arguta cetra, colma a me di canto,
come alle genti di silenzio, il cuore.
Mio padre ad Ascra dall' eolia Cyme
venne, fuggendo, non la copia e gli agi,
sì la cattiva povertà; che venne,
tanto l' amava, su la nave anch' ella,
nè più si stolse e poi restò col figlio.
E io badai le pecore sui greppi
dell' Elicone, il grande monte e bello,
e le notti passai su la montagna.

E in una notte come questa... il sonno
non mi voleva. Chè splendean le stelle
tutte nel cielo, e fresche del lavacro
veniano su le Pleiadi che al campo
lascian l' aratro e trovano la falce.
E insonne udivo uno stormir di selve,
un correr d' acque, un mormorìo di fonti.
E s' esalava un infinito odore
dai molli prati, e tutto era silenzio,
e tutto voce; ed era tutto un canto.
Ed ecco tutto io mi sentii dischiuso
all' universo, che d' un tratto invàse
l' essere mio; nè così lieve un sogno
entra nell' occhio nostro benchè chiuso.
E tutto allora in me trovai, che prima

fuori appariva, e in me trovai quel canto,
che si frangea nell' anima serena
piena, nell' alta opacità, di stelle.

E quel canto parlava della Terra
dall' ampio petto, che, infelice madre,
nell' evo primo non facea che mostri,
orrendi enormi, e li tenea nascosti
in sè, perchè non li vedesse il Cielo.
E lei guardava coi mille occhi il Cielo,
molto in sospetto, chè l' udia sovente
gemere e la vedea scotersi tutta
per la strettura, e venir fumo fuori
nel giorno, e fiamme nella nera notte.
Al fin la Terra spinse fuor d' un tratto
la grande prole; e con un grande sbalzo
sorsero i monti dalle cento teste,
e d' ogni testa usciva il fumo e il fuoco,
che tolse il giorno e insanguinò la notte.
E non era che notte, risonante
di strida, rugghi, sibili, latrati,
e già non altro si vedea, che i mostri
lambersi il fuoco con le lingue nere.

E i mostri urlando massi ardenti al Cielo
avventarono, e il Cielo, arso dall' ira,
spezzò le stelle e ne scagliò le scheggie
contro la Terra, e in una notte d' anni,
tra Cielo e Terra risonò la rissa.
Qua mille braccia si tendean nell' ombra
coi massi accesi, e mille urli ad un tempo
uscian con essi; ma dall' alto gli astri
pioveano muti con un guizzo d' oro.

E il masso a volte si spezzò nell'astro.
E sfavillante un polverìo si sparse
nel nero spazio, come la corolla
d'un fior di luce, che per un momento
illuminò gli attoniti giganti,
e il mare immenso che ondeggiava al buio,
e in terra e in aria rettili deformi,
nottole enormi; e qualche viso irsuto
di scimmia, intento ad esplorar da un antro.

E poi fu pace. Ed ecco uscì dall'antro
il bruto simo, e nella gran maceria,
dove sono i rottami anche del Cielo,
frugò raspò scavò, come fa il cane
senza padrone, ove si spense un rogo.
E fruga ancora e raspa ancora e scava
ancora. Ma dal Cielo ora alla Terra
sorride il sole e piange pia la nube.
È pace. Pur la Terra anco ricorda
l'antica lotta, e gitta fuoco, e trema.
E al Cielo torna l'ira antica, e scaglia
folgori a lei con subito rimbombo.
È pace sì, ma l'infelice Terra
è sol felice, quando ignara dorme;
e il Cielo azzurro sopra lei si stende
con le sue luci, e vuol destarla e svuole,
e l'accarezza col guizzar di qualche
stella cadente, che però non cade.

Come ora. E sol com'ora anco è felice
l'uomo infelice; s'egli dorme, o guarda:
quando guarda e non vede altro che stelle,
quando ascolta e non ode altro che un canto ».

Così parlava, e dolce sorse un canto:
sul rumor delle foglie e delle fonti,
un dolce canto pieno di querele
e di domande, un nuvolo di strilli
cadente in un singulto grave, un grave
gemere che finiva in un tripudio.
E il buon Ascreo diceva: « Ecco, fu tolto
il sonno, tutto al querulo usignolo
che così piange per la notte intiera,
nè sotto l' ala mai nasconde il capo,
ma solo mezzo, a quella cui la sera
gemere ascolta e riascolta l' alba.
Miseri! e un solo è il lor dolore, e forse
l' uno non ode mai dell' altro il pianto! »

E lo schiavo diceva. « Oh! non è pianto
questo nè l' altro. Ma la casereccia
rondine ha molti i figli e le faccende,
e sa che l' alba è un terzo di giornata;
e dolce a quegli che operò nel giorno,
viene la sera, e lieto suona il canto
dopo il lavoro. E l' usignol gorgheggia
tutta la notte nè vuol prender sonno...
ch' egli non vuole seppellir nel sonno,
avere in vano dentro sè non vuole
un solo trillo di quel suo dolce inno! »
Così parlava. E sorse aurea la luna
dalla montagna, ed insegnò la strada
al buon Ascreo, che mosse con lo schiavo.
A mano a mano lo accoglieva il canto
degli usignoli, fin che su l' aurora
gli annunziò ch' era vicino un tetto,
una garrula rondine in faccende.

E poi giunsero al monte alto e divino.
a un tempio ermo tra i boschi. E il pio cantore
disse allo schiavo: « Ospite amico, è questo
il luogo dove pasturai fanciullo
il gregge, e dove appresi il canto, e dove
cantai la rissa tra la Terra e il Cielo.
Ma poi mi piacque, non cantare il vero,
sì,la menzogna che somiglia al vero,
Ora il lavoro canterò, nè curo
ch' io sembri ai re l' Aedo degli schiavi ».

Disse: e nel tempio solitario appese
il bello ansato tripode di bronzo.

POEMI DI ATE

I

ATE

O quale uscì dalla città sonante
di colombelle Mecisteo di Gorgo,
fuggendo ai campi glauchi d'orzo, ai grandi
olmi cui già mordea qualche cicala
con la stridula sega. E tu fuggivi,
figlio di Gorgo, dall' erbosa Messe,
dove un tumulto, pari a fuoco, ardeva
sotto un bianco svolio di colombelle.
Presto e campi di glauco orzo e canori
olmi lasciava, e nella folta macchia,
nido di gazze, s' immergea correndo,
pallido ansante, e gli vuotava il cuore
la fuga, e gli scavava il gorgozzule,
e dentro dentro gli pungea l' orecchia.
Poi che tumulto non udì nè grida
più d' inseguenti, egli sostò. La sete
gli ardea le vene, ed ei bramava ancora
tuffare in una viva acqua corrente
la mano impura di purpureo sangue.

Una rana cantava non lontana,
che lo guidò. Qua qua, cantava, è 'acqua:

bruna acqua, acqua che fiori apre di gialle
rose palustri e candide ninfee.
Ora egli udì la rauca cantatrice
della fontana, Mecisteo di Gorgo,
e seguì l'orma querula e si vide
a un verde stagno che fiorìa di gialle
rose palustri e candide ninfee.
Come egli giunse, la canora rana
tacque, e lo stagno gorgogliò d'un tonfo.
Or egli prima nello stagno immerse
le mani e a lungo stropicciò la rea
con la non rea. di tutte e due già monde
del pari, fece una rotonda coppa,
e la soppose al pispino. Nè bevve.
L'acqua era nera come morte, e rossi
come saette uscite dalla piaga
erano i giunchi, e livide, di tabe,
le rose accanto alle ninfee di sangue.

E Mecisteo fuggì dal nero gorgo
chiazzato dalle rose ampie del sangue;
fuggì lontano. Or quando già l'ardente
foga dei piedi temperava, un tratto
sentì da tergo un calpestio discorde:
due passi, uno era forte, uno non era
che dell'altro la sùbita eco breve:
onde il suo capo inorridì di punte
e il cuore gli si profondò, pensando
che già non fosse il disugual cadere
di goccie rosse dentro l'acque nere,
nè la lontana torbida querela
di quella rana, ma pensando in cuore
ch'era Ate, Ate la vecchia, Ate la zoppa,
che dietro le fiutate orme veniva.

Nè.riguardò, ma più veloce i passi
stese, e gli oiecchi inebriò di vento.

Ma trito e secco gli venìa da tergo
sempre lo stesso calpestìo discorde,
misto a uno scabro anelito; nè forse
egli pensò che fosse il picchiar duro
del taglialegna in echeggiante forra,
misto alla rauca ruggine del fiato:
era Ate, Ate la zoppa, Ate la vecchia,
che lo inseguiva con stridente lena,
veloce, infaticabile. E già fuori
correa del bosco, sopra acute roccie;
e d'una in altra egli balzava, pari
allo stambecco, e a ogni lancio udìva
l'urlo e lo sforzo d'un simile lancio,
poi dietro sè picchierellare il passo
eterno con la sùbita eco breve.
Fin che giunse al burrone, alto, infinito,
tale che all'orlo non giungea lo stroscio
d'una fiumana che muggìva al fondo.
Allor si volse per lottar con Ate,
il buono al pugno Mecisteo di Gorgo;
volsesi e scricchiolar fece le braccia
protese, l'aria flagellando, e il destro
piede più dietro ritraeva... e cadde.
Cadde, e, precipitando, Ate vide egli
.che all'orlo estremo di tra i caprifichi
mostrò le rughe della fronte, e rise.

L'ETÈRA

O quale, un'alba, Myrrhine si spense,
la molto cara, quando ancor si spense
stanca l'insonne lampada lasciva,
conscia di tutto. Ma v'infuse Evèno
ancor rugiada di perenne ulivo;
e su la via dei campi in un tempietto,
chiuso, di marmo, appese la lucerna
che rischiarasse a Myrrhine le notti;
in vano; ch'ella alfin dormiva, e sola.
Ma lievemente a quel chiarore, ardente
nel gran silenzio opaco della strada,
volò, con lo stridìo d'una falena,
l'anima d'essa: chè vagava in cerca
del corpo amato, per vederlo ancora,
bianco, perfetto, il suo bel fior di carne,
fiore che apriva tutta la corolla
tutta la notte, e si chiudea su l'alba
avido ed aspro, senza più profumo.
Or la falena stridula cercava
quel morto fiore, e battè l'ali al lume
della lucerna, che sapea gli amori;
ma il corpo amato ella non vide, chiuso,
coi molti arcani balsami, nell'arca.

Nè volle andare al suo cammino ancora
come le aeree anime, cui tarda
prendere il volo, simili all' incenso
il cui destino è d'olezzar vanendo
E per l'opaca strada ecco sorvenne
un coro allegro, con le faci spente,
da un giovenile florido banchetto.
E Moscho a quella lampada solinga
la teda accese, e lesse nella stele.
MYRRHINE AL LUME DELLA SUA LUCERNA
DORME. È LA PRIMA VOLTA ORA, E PER SEMPRE.
E disse: Amici, buona a noi la sorte!
Myrrhine dorme le sue notti, e sola!
Io ben pregava Amore iddio, che al fine
m'addormentasse Myrrhine nel cuore:
pregai l'Amore e m'ascoltò la Morte.
E Callia disse: Ell' era un' ape, e il miele
stillava, ma pungea col pungiglione.
E disse Agathia. Ella mesceva ai bocci
d'amor le spine, ai dolci fichi i funghi.
E Phaedro il vecchio: Pace ai detti amari!
ella, buona, cambiava oro con rame.
E stettero, ebbri di vin dolce, un poco
lì nel silenzio opaco della strada.
E la lucerna lor blandia sul capo,
tremula, il serto marcido di rose,
e forse tratta da quel morto olezzo
ronzava un'invisibile falena.
Ma poi la face alla lucerna tutti,
l'un dopo l'altro, accesero. Poi voci
alte destò l'auletride col flauto
doppio, di busso, e tra faville il coro
con un sonoro trepestio si mosse.

L' anima, no. Rimase ancora, e vide
le luci e il canto dileguar lontano.
Era sfuggita al demone che insegna
le vie muffite all' anime dei morti;
gli era sfuggita: or non sapea, da sola,
trovar la strada; e stette ancora ai piedi
del suo sepolcro, al lume vacillante
della sua conscia lampada. E la notte
era al suo colmo, piena d' auree stelle;
quando sentì venire un passo, un pianto
venire acuto, e riconobbe Evèno.
Chè avea perduto il dolce sonno Evèno
da molti giorni, ed or sapea che chiuso
era nell' arca, con la morta etèra.
E singultendo disserrò la porta
del bel tempietto, e presa la lucerna,
entrò. Poi destro, con l' acuta spada,
tentò dell' arca il solido coperchio
e lo mosse, e con ambedue le mani,
puntellando i ginocchi, l' alzò. C' era
con lui, non vista, alle sue spalle, e il lieve
stridìo vaniva nell' anelito aspro
d' Evèno, un' ombra che volea vedere
Myrrhine morta. E questa apparve; e quegli
lasciò d' un urlo ripiombare il marmo
sopra il suo sonno e l' amor suo, per sempre.

E fuggì, fuggì via l' anima, e un gallo
rosso cantò con l' aspro inno la vita:
la vita; ed ella si trovò tra i morti.
Nè una a tutti era la via di morte,
ma tante e tante, e si perdean raggiando
nell' infinita opacità del vuoto.
Ed era ignota a lei la sua. Ma molte

ombre nell'ombra ella vedea passare
e dileguare· alcune col loi mite
demone andare pei la via serene,
ed altre, in vano, ricusar la mano
del lor destino. Ma sfuggita ell'cra
da tanti giorni al demone; ed ignota
l'era la via. Dunque si volse ad una
anima dolce e vergine, che andando
si rivolgeva al dolce mondo ancoia;
e chiese a quella la sua via. Ma quella,
l'anima pura, ecco che tiemò tutta
come l'ombra di un nuovo esile pioppo:
« Non la sol » disse, e nel palloi del Tutto
vanì. L'etèra si rivolse ad una
anima santa e flebile, seduta
con tra le mani il dolce viso in pianto.
Era una madre che pensava ancora
ai dolci figli; ed anche lei rispose:
« Non la sol », quindi nel dolor del Tutto
sparì. L'etèra errò tra i morti a lungo
miseramente come già tra i vivi;
ma ora in vano; e molto era il ribrezzo
di là, per l'inquieta anima nuda
che in faccia a tutti sorgea su nei trivi.

E alfine insonne l'anima d'Evèno
passò veloce, che correva al fiume,
arsa di sete, dell'oblìo. Nè l'una
l'altra conobbe. Non l'avea mai vista.
Myrrhine corse su dal trivio, e chiese,
a quell'incognita anima veloce,
la strada Evèno le rispose: « Ho fietta ».

E più veloce l'anima d'Evèno
corse, in orrore, e la seguì la trista
anima ignuda. Ma la prima sparve
in lontananza, nella· eterna nebbia;
e l'altra, ansante, a un nuovo trivio incerto
sostò, l'etèra. E intese là bisbigli,
·ma così tenui, come di pulcini
gementi nella cavità dell'uovo.
Era un bisbiglio, quale già l'etèra
s'era ascoltata, con orror, dal fianco
venir su pio, sommessamente... quando,
avea, di là, quel suo bel fior di carne,
senza una piega ·i petali. Ma ora
trasse al sussurro, Myrrhine l'etèra.
Cauta pestava l'erbe alte del prato
l'anima ignuda, e riguardava in terra,
tra gl'infecondi caprifichi, e vide.
Vide lì, tra·gli asfòdeli e i narcissi,
‿starsene, informi tra la vita e il nulla,
ombre ancor più dell'ombra esili, i figli
suoi, che non volle. E nelle mani esangui
aveano i fiori delle ree cicute,
avean dell'empia segala le spighe,
per lor trastullo. E tra la morte ancora
erano e il nulla, presso il limitare.
E venne a loro Myrrhine; e gl'infanti
lattei, rugosi, lei vedendo, un grido
diedero, smorto e gracile, e gettando
i tristi fiori, corsero coi guizzi,
via, delle gambe e delle lunghe braccia,
pendule e flosce; come nella strada
molle di pioggia, al risonar d'un passo,
fuggono ranchi ranchi i piccolini
di qualche bodda: tali i figli morti

avanti ancor di nascere, i cacciati
prima d'uscire a domandar pietà!

Ma la soglia di bronzo era lì presso,
della gran casa. E l'atrio ululò tetro
per le vigili cagne di sotterra.
Pur vi guizzò, la turba infante, dentro,
rabbrividendo, e dietro lor la madre
nell'infinita oscurità s'immerse.

III

LA MADRE

O quale Glauco, ebbro d'oblìo, percosse
la santa madre. E non potè la madre
che pur voleva, sostener nel cuore
quella percossa al volto umile e mesto;
chè da tanti dolori liso il cuore,
ecco, si ruppe; e ne dovè morire.
E subito il buon demone sorvenne,
e più veloce d'un pensier di madre
ultimo; la soave anima prese,
la sollevò, la portò via lontano,
e due tre volte la tuffò nel Lete.
E le dicea: « Dimentica per sempre,
anima buona; chè sofferto hai troppo! »
E pose lei nel sommo della terra,
dove è più luce, più beltà, più Dio:
nel calmo Elisio, donde mai non torna
l'anima al basso, a dolorar la vita.

Ma nel profondo della terra il figlio
precipitò, nel baratro sotterra,
tanto sotterra alla sua tomba, quanto
erano su la tomba alte le stelle.
E là fu, nella oscurità, travolto

dalla massa d'eterna acqua, che sciacqua
pendula in mezzo all'infinito abisso;
che, mentre oscilla il globo della terra,
là dentro fiotta, e urta le pareti
solide, e con cupo impeto rimbomba.
E l'anima di Glauco era travolta
nell'acqua eterna, e or lanciata contro
le roccie liscie, or tratta dal risucchio
giù. Nè un raggio di luce, ma una romba
senza pensiero, e senza tempo il tempo.
Quando, un flutto sboccò con un singulto
in un crepaccio, e Glauco sgorgò dentro
l'antro sonante, e si trovò su l'onda
d'un nero fiume che correa sotterra
rapacemente. Ed era tutto un pianto,
un pianto occulto, il pianto dopo morte,
oh! così vano, le cui solitarie
lacrime lecca il labile lombrico.
E il fiume cieco del dolor sepolto
portò Glauco vicino alla palude
Acherusiade, ove tra terra e acqua
errano l'ombre a cui la morte insegna,
e che verranno ad altra vita ancora,
quando il destino li rivoglia in terra.

E vide le aspettanti anime Glauco
sul denso limo, a cui l'urtava il flutto,
e gridò Glauco, alto, e chiamò la madre:
« Madré che offesi... madre che percossi...
madre che feci piangere .. Ma vengo
sul fiume eterno, o mamma, a te, del pianto!
O mamma che .. feci morire! E morto
ti sono anch'io, nato da te! più morto!

Sì: t'ho percossa. Ma non sai con quanta
forza alle scabre roccie mi percuota
l'acqua laggiù, nel baratro; e che buio
laggiù! che grida! Oh! mai non fossi nato!
Mamma.. pietà! perdonami! Se lasci
ch'io salga; e basta che tu voglia, io salgo;
oh! sarò buono! buono, ora per sempre!
non ti batterò più!... Mamma, già l'onda
mi porta via.. perdona, dunque! Io torno
laggiù... fa presto. Un tempo eri più buona,
o mamma!... O madre, ti mutò la morte! ».

Così pregava, il figlio. Ecco, e l'ondata
dal molle limo lo staccò, lo volle
con sè, lo stese, lo portò nel fiume
del pianto vano. E singultendo, il fiume
lo versò nell'abisso; e'nell'abisso
se lo riprese il vortice segreto.
E l'anima dell'empio era travolta
dall'acqua eterna, e tratta dal risucchio
giù, poi, nel buio, qua e là percossa.

Ed ella su, nel sommo della terra,
dove è più luce, più beltà, più Dio,
sedea serena; e con la guancia offesa
sopra la palma, si facea cullare
dal grande mare d'etere, dal breve,
lassù, mollissimo, oscillio del mondo.
Ecco, levò dalla tranquilla palma
la guancia offesa, e riguardava intorno,
inorecchita. E il buon demone accorse
e le diceva: « Vieni al dolce Lete,

a bere ancora: non assai bevesti! »
Ed ella bevve. Ma via via dagli occhi
le usciva il pianto e le cadea nell'onda.
E le premeva il demone, soave-
mente, la nuca, e le diceva: « Ancora!
Ancora! Bevi! Non assai bevesti! »
E docile beveva ella, e nel Lete
le cadea sempre più dirotto il pianto.
Oh! non beveva che l'oblìo del male,
la santa madre, e si levò piangendo,
e disse: « Io sento che il mio figlio piange.
Portami a lui! » Nè il demone s'oppose;
chè cuor di madre è d'ogni Dio più forte.
E con lei scese, ed ella andò sotterra
sempre piangendo, e giunse alla palude.
Acherusìade. Ed ella errò tra l'alga
deforme, ed ella s'aggirò tra il fango,
sempre accorrendo ad ogni sbocco, appena
sentia mugghiare una marea sotterra,
e il pianto vano venir su, dei morti,
sui neri fiumi, di su i rossi fiumi.

Ed un flutto, laggiù, con un singulto
gittò Glauco in un antro, e poi su l'onde
del nero fiume che correa sotterra,
del pianto occulto, pianto dopo morte;
e lo portò vicino alla palude:
e gridò Glauco, alto, e chiamò la madre:
« Madre, eri buona, e ti mutò la morte!
mamma, io ti feci piangere; mammina,
io sì ti feci, io figlio tuo, morire... »
Ma ella, prima anche di lui, gridava
dal triste limo, tra il fragor dei flutti:

« Mia creatura, non lo feci apposta
io, a morir così d'un subito, io
io, a non dirti che non era nulla,
ch'era per gioco... Vieni su: perdona! »

E Glauco ascese. E poi la madre e il figlio
vennero ancor dalla palude in terra,
l'una a soffrire, e l'altro a far soffrire.

SILENO

SILENO

— Figlio di Pan, figlio del dio silvestre
che nei canneti sibila e frascheggia,
là, dell'Asopo, e frange a questa rupe
il lungo soffio della sua zampogna;
tornar nell'ombra io volli a te, Sileno,
ora che tace la diurna rissa
del maglio e della roccia, or che non odo
più lime invide, più trapani ingordi;
or che gli schiavi qua e là sdraiati
sognano fiumi barbari; e la luna
prendendo il monte, il monte di Marpessa,
piove un pallore in cui tremola il sonno.
Sono un fanciullo, sono anch'io di Paro;
Scopas il nome; palestrita: ed oggi,
coronato di smilace e di pioppo,
correvo a gara con un mio compagno:
e giunsi qui dove gl'ignudi schiavi
Paflàgoni con cupi ululi in alto
tender vedevo intorno ad una rupe
le irsute braccia ed abbassar di schianto.
· Ecco, il compagno rimandai soletto
al grammatista e al garrulo flagello;

ma io rimasi ad ammirar gl'ignudi
schiavi intorno la rupe alta ululanti.
Su sfavillìo di cunei l'arguto
maglio cadeva; e io seguia con gli occhi
l'opera grande della breve bietta,
ch'entra sottile come la parola,
poi sforza il masso, come quella il cuore;
quando, con uno scroscio ultimo, il blocco
s'aprì, mostrando, come in ossea noce
bianco gariglio, te di Pan bicorne
figlio, o Sileno: e tu ridevi al sole
riscintillante sopra l'ulivete;
e tu puntavi con l'orecchie aguzze
l'aereo mareggiar delle cicale.
Ma che mai cela questa rupe? Io venni
a domandarti perchè mai sorridi
solo, costì, col tuo marmoreo volto,
e come tendi le puntute orecchie
al sibilio de' fragili canneti.
Od altro ascolti e vedi altro, Sileno? —

Scopas, alunno dell'alpestre Paro,
così parlava al candido Sileno
figlio improvviso della roccia, nato
sotto martelli immemori di schiavi.
Il giovinetto gli sedea di contro
sopra un macigno, con al vento i bruni
riccioli, in mezzo a molti blocchi sparsi,
come il pastore tra l'inerte gregge.
E gli rispose il candido Sileno,
o parve, a un tratto con un volger d'occhi
simile a lampo che vaporò bianco
e scavò col fugace alito il monte.

Ed a quel lampo il giovinetto vide
ciò che non più gli tramontò dagli occhi.

Vide, sotto la scorza aspra del monte,
vide il tuo regno, o bevitor di gioia,
vecchio Sileno: una palestra: in essa
sorprese il breve anelito del lampo
in un bianco lor moto i palestriti:
l'ombra seguace irrigidì quel moto
per sempre; e stette nelle braccia tese
degli oculati pugili già pronto
lo scatto di fischiante arco di tasso,
ed alla mano al lanciator ricurvo
restò sospeso impaziente il disco
in cui pulsava il vortice di ruota,
ed alla pianta alta de' corridori
l'impeto rapido oscillò del vento:
gli efebi intenti a contemplar la gara
ressero sul perfetto omero l'asta.
In tanto a luminosi propilei,
con sul capo le braccia arrotondate,
vedeva lente vergini salire·
la pompa che albeggiò per un momento,
eternamente camminò nell'ombra.

Vide, sotto la scorza aspra del monte,
emersa dalle grandi acque Afrodite
vergine, al breve anelito del lampo
che la scopriva, con le pure braccia
velar le sacre fonti della vita:
l'ombra seguace conservò per sempre
la dolce vita ch'esita nascendo.

E vide anche la morte, anche il dolore:
vide fanciulli e vergini cadere
sotto gli strali di adirati numi,
e tutti gli occhi volgere agl' ingiusti
sibili: tutti; ma non già la madre:
la madre, al cielo; e proteggea di tutta
sè la più spaurita ultima figlia.
In tanto le Nereidi dal mare
volsero il collo, con la nivea spinta
del piede su le nuove onde sospesa;
mentre al bosco fuggivano le ninfe
inseguite da satiri correnti
con lor solidi zoccoli di becco;
e un baccanale dileguò sul monte.

Il giovinetto udì strepere trombe,
gemere conche, ed ascoltò soavi,
tra l' immensa manìa bronzosonante,
squillare i doppi flauti di loto.
Ed ecco il monte ritornò com'era,
tacito, immoto, se non se nel fosco
gomito d' una forra anche appariva
l' ultimo bianco di lucenti groppe
di centauri precipiti, e sonava
un quadruplice tonfo di galoppo,
che poi vanì. Ma quando tacque tutto,
oh! come sotto il velo di grandi acque,
s' udiva ancora eco di cembali, eco
di timpani, eco di piovosi sistri;
ed *euhoè* ed *euhoè* gridare
come in un sogno, come nel gran sogno
di quelle rupi candide di marmo
dormenti nella sacra ombra notturna.

E con quel grido si mescea nell'eco
il lungo soffio della tua zampogna,
o Pan silvano; e percotea la fronte
del sorridente bevitor di gioia,
e del fanciullo che sedea tra i blocchi,
quale un pastore tra l'inerte gregge.

POEMI DI PSYCHE

I

PSYCHE

O Psyche, tenue più del tenue fumo
ch' esce alla casa, che se più non esce,
la gente dice che la casa è vuota;
più lieve della lieve ombra che il fumo
disegna in terra nel vanire in cielo:
sei prigioniera nella bella casa
d' argilla, o Psyche, e vi sfaccendi dentro,
pur lieve sì che non se n' ode un suono;
ma pur vi sei, nella ben fatta casa,
chè se n' alza il celeste alito al cielo.
E vi sfaccendi dentro, e vi sospiri
sempre soletta, chè non hai compagne
altre che voci di cui tu sei l' eco;
ignude voci che con un sussulto
sorgere ammiri su da te, d' un tratto;
voci segrete a cui tu servi, o Psyche.

Intorno alla tua casa, o prigioniera,
pasce le greggi un Essere selvaggio,
bicorne, irsùto; e sui due piè di capro
sempre impennato, come a mezzo un salto.

E tu ne temi, ch' egli là minaccia
impazïente, e sempre ulula e corre;
e spesso guazza nel profondo fiume,
come la pioggia, e spesso crolla il bosco,
al par del vento; e non è mai l' istante
che tu non l'oda o non lo veda, o Psyche,
Pan multiforme. Eppur talvolta ei soffia
dolce così nelle palustri canne,
che tu l'ascolti, o Psyche, con un pianto
sì, ma che è dolce, perchè fu già pianto
e perse il tristo nel passar dagli occhi
la prima volta. E tu ripensi a quando
vergine fosti ad un' ignota belva
data per moglie, crudel mostro ignoto.
E sempre al buio tu con lui giacesti
rabbrividendo docile, ed alfine,
vigile nel suo sonno alto di fiera,
accesa la tua piccola lucerna,
guardasti; e quella belva era l' Amore.

E lo sapesti solo allor che sparve,
l' Amore alato. E ne sospiri e l' ami.
E nella casa di ben fatta argilla,
dove sei schiava delle voci ignude,
sempre l'aspetti, che ritorni, e dorma
con te. Tu piangi, quando Pan, la notte,
fa dolcemente sufolar le canne;
piangi d' amore, o solitaria Psyche,
nella tua casa, dove più non tieni
posto, che l'ombra, e non fai più rumore,
che l'alito; e le voci odi che fanno
all' improvviso a te cader dal ciglio
la stilla che non ti volea cadere.

. Però che sono e sùbite e severe
le più; ma più di tutte una che sempre
contende e grida, ad ogni tuo sospiro
verso l'alata libertà: « Non devi! »
Quella non t'ama, credi tu; ma un'altra
è, sì, che t'ama, e ti favella a parte
e ti consola, e teco piange, e parla
così sommessa che tu credi a volte
che sia meschina prigioniera anch'ella.

    E tu devi, d'un mucchio alto di semi,
far tanti mucchi, e sceverare i grani
d'orzo, i chicchi di miglio, le rotonde
veccie, i bislunghi pippoli di vena.
E come fine polvere di ferro
sparsa per tutto il mucchio è la semenza
dei papaveri. E tu, Psyche, tu gemi
trepida, inerte; e poi con le tue dita
d'aria ti provi, e scegli a lungo i semi
del papavero immemore, e in un giorno
tanti ne cogli, quanti appena udresti
cantare nella secca urna d'un fiore.
E piangi, ed ecco vengono le figlie
dell'alma Terra, frugole e succinte,
dalla pineta dove a Pan selvaggio,
frangean tra gli aghi dei pinastri il suolo.
Non so chi disse alle operaie nere
di Pan la cosa. Ma si fa d'un tratto
un brulichìo per l'odorata selva;
e sgorgano esse a frotte dai minuti
lor collicelli, mentre Pan nell'ombra
s'addorme al canto delle sue cicale.
E salgono alla casa, onda su onda,

fila incessanti di formiche, ed opre
vengono a te; ma prima i grani d'orzo,
pesi, e i bislunghi pippoli di vena
portano, due di loro uno di quelli;
fanno le veccie di tra il biondo miglio,
poi fanno il miglio minimo, poi vanno.
E resta a te la polvere di semi,
di cui ciascuno dal suo nulla esprima
un lungo stelo e il molle fior del sonno.

E il molle sonno tu lo chiami, o Psyche,
dacchè di quelle voci una, la voce
che non t'ama e ti sgrida aspra, ti disse:
« Vil fanticella, prendi questa brocca
e va per acqua al nero fonte; al fonte
di cui sgorga l'oscura onda, sotterra,
al fiume morto. Esci per poco, e torna ».
E tuo mal grado, o schiavolina, andasti
con la tua brocca di cristallo al fonte;
e là vedesti, su la grotta, il drago,
l'insonne drago, sempre aperti gli occhi;
e tu chiudesti, o Psyche, i tuoi, da lungi
rabbrividendo; ed ecco, non veduto,
uno ti prese l'anfora di mano,
che piena in mano dopo un po' ti rese,
e dileguò. Tu lentamente a casa
tornavi, smorta, e con un gran sospiro
apristi gli occhi, e nel cristallo puro
tu guardasti l'oscura acqua di morte,
e vi vedesti il vortice del nulla.
E ne tremasti. E Pan allora un dolce
canto soffiò nelle palustri canne,
che tu piangesti a quel pensier di morte

come piangevi per desìo d'amore:
lo stesso pianto, così dolce, o Psyche!

Ma pur ne tremi, o Psyche, ancora, e mesta
invochi il sonno, perchè a te nasconda
quell'altro sonno, che non vuoi, più grande!
Ma delle voci di cui tu sei schiava,
quella che t'ama e ti consola a parte,
ecco che ti favella e ti consola:
« Povera Psyche, io so dov'è l'Amore.
Oh! l'Amore t'aspetta oltre la morte.
Di là, t'aspetta. Se tu passi il nero
fiume sotterra, troverai l'Amore.
Tremi? C'è un vecchio, vecchio come il tempo,
che tutti imbarca, e non fa male a Psyche!
E c'è un cane, oltre il fiume, che divora
ciò ch'è di troppo, e non fa male a Psyche!
Pallida Psyche, prendi tra le labbra
che sembrano due petali appassiti
di morta rosa, un obolo, e leggiero
tienlo, costì, che te lo prenda il vecchio,
nè tu lo senta; e chiudi gli occhi, e dormi.
E prendi una focàccia, anche, col miele
e col mite papavero, e leggiera
tienla, così, che te la prenda il cane,
nè tu lo senta; e chiudi gli occhi, e dormi.
Appena desta, rivedrai l'Amore ».

Tu la focaccia prendi su, col mièle,
tu chiudi nelle labbra scolorite
l'obolo; e non so quale alito lieve
ti porta via. Per dove passi, un'ombra

passa, non più che d'ali di farfalla.
Ma tu non dormi; e lievemente il vecchio
ti prende il piccolo obolo di bocca;
ma tu lo senti, e senti anche la rauca
lena del vecchio rematore, come
se alcuno segli il duro legno, e come
se alcuno picchi su la putre terra:
anche senti un latrato, solitario;
e tremi tanto, che di man ti sfugge
ah! la focaccia, e fa un tonfo nell'acqua
morta del fiume. Ed anche tu vi cadi,
cadi nel queto vortice del nulla.

Ma Pan il gregge pasce là su l'orlo
del morto fiume. Non udivi il suono,
là, della vita? Tremuli belati
e cupi mugli, il gorgheggiar d'uccelli
tra foglie verdi, e sotto gravi mandre
lo scroscio vasto delle foglie secche.
E ti cullava nella vecchia barca
un canto lungo, che da te più sempre
s'allontanava sino a dileguare
nella dimenticata fanciullezza.
Pan! era Pan! Egli ti porge un braccio
ispido, e su ti leva intirizzita,
gelida, o Psyche, immemore; e ti corca
nuda così, lieve così, nel vello
del suo gian petto, e in sè ti cela a tutti.

Quali alte grida là dal mondo! Quali
tristi lamenti intorno alla tua casa,
d'argilla, o Psyche, donde più non esce
il tenue fumo, alla tua casa vuota

di cui sparve il celeste alito in cielo!
Ti cercano le genti, o fuggitiva.
O Psyche! O Psyche! dove sei? Ti cerca
nel morto fiume il vecchio che tragitta
tutti di là. Ti cerca, acre fiutando,
dall'altra riva il cane che divora
ciò ch'è di troppo. Tutti, o Psyche, invano!
O Psyche! O Psyche! dove sei? Ma forse
nelle cannucce. Ma chi sa? tra il gregge.
O nel vento che passa o nella selva
che cresce. O sei nel bozzolo d'un verme
forse racchiusa, o forse ardi nel sole.

Chè Pan l'eterno t'ha ripresa, o Psyche.

II

LA CIVETTA

I

« O tristi capi! O solo voci! O schiene
vaie così come la biscia d' acqua!
Via di costì! » gridava agro il custode
della prigione. Era selvaggio il luogo,
deserto, in mezzo della sacra Atene,
con sue deformi catapecchie al piede
di bigie roccie dalle strie giallastre,
piene di buchi, verdeggianti appena
qua e là di partenio e di serpillo.
Il sole era sui monti, e nell' azzurro
passava fosco a ora a ora un volo
d' aspri rondoni che girava attorno,
sopra la rocca, alla gran Dea di bronzo,
forte strillando. Ed anche in terra un gruppo
di su di giù correva, di fanciulli;
strillando anch' essi. Ed ecco s' aprì l' uscio
della casa degli Undici, e il custode
alzò dal tetro limitar la voce.

Egli diceva: « È per voi scianto ancora?
Ieri da Delo ritornò la nave
sacra, e le feste sono ormai finite.

Non è più tempo di legar col refe
gli scarabei! Non più, di fare a mosca
di bronzo ' » Un poco più lontano il branco
trasse, in silenzio. Poi gridarono: « Ohe!
che parli tu di scarabei, di mosche?
È una civetta ». In vero una civetta
tutta arruffata era nel pugno a Gryllo
figlio di Gryllo facitor di scudi,
ch' era il più grande. Ma l' avea pocanzi
in un crepaccio Hyllo predata, il figlio
d' Hyllo vasaio, ch' era il più piccino.
In un crepaccio della bigia rupe,
sotto un cespuglio di parietaria,
vide due rilucenti Hyllo stateri
d'oro, nell'ombra, e s' appressò; ma l'oro
non c'era più. poi li rivide i due
fissi e tondi nell'ombra occhi d' uccello.
Una civetta della Dea di Atene
immobilmente riguardava il figlio
d'Hyllo vasaio; che con le due mani
all' improvviso l' abbrancò su l' ali,
e la portava. E Coccalo sorvenne
che gliela prese; a Coccalo la prese
Cottalo; e Gryllo a lui la vinse: allora
Cottalo pianse. Coccalo sorrise,
e il piccolino frignò dietro il grande.

Ma Gryllo avvinse con un laccio un piede
della civetta, e la facea sbalzare
e svolazzare al caldo sole estivo.
E dai tuguri altri fanciulli, figli
d' arcieri sciti, figli di metèci,
trassero. E in mezzo a tutti la civetta

chiudeva apriva trasognata gli occhi
rotondi, fatti per la sacra notte.
E il coro « Balla » cantò forte « o muori! »

E nel carcere in tanto era un camuso
Pan boschereccio, un placido Sileno
col viso arguto e grossi occhi di toro.
Dolce parlava. E gli sedeva ai piedi
un giovanetto dalla lunga chioma,
bellissimo. E molti altri erano intorno,
uomini, muti. Ed a ciascuno in cuore
era un fanciullo che temeva il buio;
e il buon Sileno gli facea l'incanto.
« Voi non vedete ciò ch'io sono. Io sono »
egli diceva « ciò che di me sfugge
agli occhi umani: l'invisibile. Ora
s'ei guarda, come fosse ebbro, vacilla;
ma non è lui, non è quest'io, che trema:
trema ciò ch'egli guarda, che si vede,
che mai non dura uguale a sè, che muore.
Io, di me, sono l'anima, che vive
più, quanto più vive con sè, lontana
dal mondo, nella sacra ombra dei sensi.
E s'ella parta libera per sempre,
nella notte immortale, ove si trovi
ella con tutto che non mai vacilla,
ella morrà? non vedrà più? » Qualcuno
« Vedrà » rispose; « Non morrà » rispose.

Poi fu silenzio Il musico vegliardo
Pan era solo, accanto al suo pensiero
invisibile. Il bello adolescente,
supino il capo, con la lunga chioma

spiovente, lungi dalla nuca, all'aria,
beveva l'eco delle sue parole.
Ed ecco entrò dall'abbaino un canto
d'acute voci: « Balla, dunque, o muori! »

E il custode dal tetro uscio i fanciulli
striduli fece lontanar nel sole,
fuor dell'ombra dei tetti e della roccia.
Ma là, nel sole, molleggiò più goffa
sul pugno a Gryllo, s'arruffò, chiudendo
aprendo gli occhi, la civetta, e i bimbi
ridean più forte. Onde il custode: « O Gryllo
figlio di Gryllo, tu che sei più savio,
dà retta. Sai: codesto uccello è sacro
alla Dea nostra, a cui tu canti l'inno
movendo nudo coi compagni nudi
per la città. La nostra Dea sa tutto,
chè gli occhi ha grigi, di civetta, e vede
con essi per l'oscurità del cielo ».
« No, che non vede » disse Hyllo « nè vuole
vedere, e chiude gli occhi tondi al sole ».
« Passero, taci Tu, Gryllo » il custode
riprese « grande già mi sei. Conosco
tuo padre, il buono artefice di scudi.
Tu gli somigli come fico a fico.
Fa chetare le tortori ciarliere.
C'è dentro la mia casa uno che muore! »
« Chi? Questa sera? » « Al tramontar del sole »
« Perchè? » « La nave ritornò da Delo.
Ed egli vide un sogno: una vestita
di bianche vesti, che gli disse: O uomo,
il terzo giorno toccherai la terra!
E la cicuta, sì, berrà dentr'oggi.
Tra poco, o Gryllo. Che in silenzio ei muoia! »

Tacquero allora i giovanetti a lungo
pensando all'uomo che così, per mare,
tornava in patria. E Gryllo disse: « È l'uomo
che andava scalzo e passeggiava in aria,
e diceva che il sole era una pietra,
e sapeva che terra era la luna... »
Ed in silenzio trassero alla roccia
tutti, e stettero presso la prigione,
come aspettando. E la civetta, al lento
filo costretta, si posò sul ramo
d'un oleastro che sporgea dal masso
sopra i ricciuti capi dei fanciulli.
Si chinò, s'arruffò, molleggiò, cieca
per la gran luce rosea del tramonto.
E dai tegoli un passero la vide
e garrì contro la non mai veduta,
e vennero altri passeri al garrito;
e il frastuono eccitò le rondinelle,
e fuori ognuna si versò dal nido;
e da un tacito ombroso bosco sacro
venne la capinera e l'usignuolo.
E grande era lo strepito e il bisbiglio,
pur non udito dai fanciulli, attenti
ad una voce che venìa di dentro,
di chi tornava alla sua patria terra
invisibile, e placido parlava
a un'altra barca che incrociò sul mare.

E poi cessato il favellìo di dentro,
un dei fanciulli disse: « Hyllo, tu monta
su le mie spalle, e narra quel che vedi ».
Hyllo montò sul dorso a quel fanciullo,
e sogguardò per l'abbaino: « Io vedo »

« Hyllo, che vedi? » « Un buon Sileno vecchio »
« Che dice? » « Dice che andrà via, che il morto
non sarà lui: seppelliranno un altro ».
Il sole in tanto ritraeva i raggi
dai bianchi templi della sacra Atene.
Sola splendea la cuspide dell'asta
che aveva in mano la gran Dea di bronzo.
Brillò d'un tratto, poi si spense; e il sole
calò raggiando dietro il Citerone.
« Hyllo, che vedi? » « Beve » « La cicuta! »
« Piangono, gli altri; uno si copre il capo
con la veste, uno grida » « Esso, che dice? »
« Dice di far silenzio, come quando
si sparge l'orzo, presso l'ara, e il sale ».

Ed era alto silenzio, che s'udiva
il passo scalzo su e giù dell'uomo,
e poi nemmeno si sentì quel passo.
« Hyllo, che vedi? » « È sul lettuccio; un altro
gli preme un piede. S'è coperto. Muore... »
« Dunque non esce? » « Ora si scopre. Dice:
Un gallo al Dio che ci guarisce i mali! »
« Che? La cicuta è un farmaco salubre? »
« Uno gli chiude ora la bocca e gli occhi »
« Dunque non parte? È sempre lì? » « Sì, morto ».

E bisbigliando stavano i fanciulli
lungo la roccia, al buio. Ecco e la porta
s'aprì. N'usciva con singhiozzi e pianti
un vecchio, un giovinetto, altri poi molti
tristi gemendo. E dall'inconscie dita
il filo uscì con un lieve urto a Gryllo;
e il sacro uccello della notte in alto

si sollevò con muto volo d'ombra.
E i compagni del morto ed i fanciulli
scosse un subito fremito, uno strillo
di sopra il tetto, *Kikkabau...* dall'alto,
Kikkabau... di più alto, *Kikkabau...*
dal cielo azzurro dove ardean le stelle.
E disse alcuno, udendo il fausto grido
della civetta: « Con foituna buona! »

I GEMELLI

4

I GEMELLI

Che sente il fiore cui la molle forza
di vita svolge i petali del boccio?
Quel che sentiva allora la fanciulla,
che si svolgea dal calice più bianca
e più sottile, il collo così lasso,
che lo piegava l'occhio di sua madre.
La neve già struggeva, ma non tutta:
se ne vedeva qua e là sui monti.
Spuntava l'erba, verdicava il salcio,
e ravvenate ora mescean le polle.
Era sui monti, era a bacìo la neve
ancora: ella si fece anche più bianca
e più sottile: un pianto nella casa
sonò: poi, la fanciulla era sparita.

E il suo gemello la richiese al padre
meditabondo. Egli accennò lontano.
E la richiese alla soletta madre,
che gli sorrise, e lagrimò più tanto.
« Sappi: è nel prato asfòdelo... C'è bello...
Lieta, sebbene senza il suo gemello...
No, non è sola, ma tra un fitto sciame...
Un fiore hanno alla sete ed alla fame...
Sì: tu ci andrai... Sì: la vedrai... tra giorni...
Resta con me! S'ora ci vai, non torni! »

Ma il giovinetto andò per prati e boschi,
sempre cercando. Un giorno seguì l'api
a un prato, le ronzanti api ad un fonte.
Nel fonte ritrovò la sua sorella.

Il giovinetto si chinò sul fonte,
e la fanciulla apparve su dal fonte.
Egli era mesto, ed era, anch'ella, mesta.
Ma le sorrise, ed ella gli sorrise.
Aprì la bocca per chiamarla a nome;
subito anch'ella aprì la bocca a un nome.
Ed egli chiese, chi l'avea rapita,
se lieta le era la solinga vita;
ed ella presto rispondea, ma troppo,
ch'ella parlava mentre egli parlava.
Ed egli tacque, ed ella tacque: allora
egli riprese, ma riprese anch'ella.
E il giovinetto non intese, e pianse.
E la fanciulla si confuse, e pianse.

Ora una voce chiamò lui: la voce
della sua madre che l'avea smarrito.
« Ci chiama. Vieni con il tuo gemello
dalla tua madre. C'è, con lei, più bello! »
Ella rispose; ma fondea nell'ansia
le sue parole con le sue parole.
« Qui non c'è fiori per il tuo digiuno!
Tu sei nel prato ove non è nessuno! »
La madre ancora lo chiamò. Le labbra
chinò... che freddo in quelle dolci labbra!
Le diede un bacio sussurrando, Addio!
ed un gorgoglio udì nell'acqua: Addio!
E il giovinetto s'alzò su dal fonte,
e la fanciulla sparve giù nel fonte.

« O madre! O madre! È dove tu m'hai detto!
Ma ella è sola, nel fonte soletto.
Non ho veduto altro che il suo, di capi.
Non ho sentito altro ronzìo, che d'api.
Non ha vicine altre compagne care!
Non ha quei fiori per il suo mangiare!
Vieni tu, madre: ella ritornerà! »
« O figlio! O figlio! T'ha deluso un Dio!
Il fior che dissi è il fiore dell'oblio.
E tu non vieni dal fiorito prato
ch'è più lontano del cielo stellato!
A chi ci va, gli è presso, come l'orto;
ma chi ne torna, anche se arriva smorto
a dove dormi, è tuttavia di là! »

Ma il giovinetto le afferrò la mano,
e disse: « O vieni, se non è lontano! »
E, giunti al prato, si chinò sul fonte,
e la sorella venne su dal fonte.
Ah! ma nel fonte presso il suo sorriso
c'era la madre col suo mesto viso!
« O madre! O madre! Ecco che lei s'attrista
dacchè nel grave tuo dolor t'ha vista! »
« O figlio! O figlio! Io sono lì pur quella!
Non hai due madri! E non hai più sorella! »
E turbò l'acqua. E madre e figlia sparve
oscuramente, qua e là, nel gorgo;
fin che ondeggiando, tremuli, a fior d'acqua
vennero ancora figlio e madre in pianto.

Ed egli allora oh! sì, capì! Ma venne
per molti giorni al tralucente lago,
a rivedere in sè la sua sorella
che in lui viveva; ed esso in lei moriva.

Ed era il tempo che il nostro dolore
cadea qual seme, e ne nasceva un fiore:
un fior dal sangue delle nostre vene,
un fior dal pianto delle nostre pene.
Ed egli fu il leucoio, ella il galantho,
il fior campanellino e il bucaneve.
E questo avea tre petali soltanto;
erano a mezzo gli altri tre rimasti;
e quello, sei, coi sommoli un po' verdi.
Candidi entrambi, a capo chino entrambi.

Spuntava il croco, il morto per amore
bel giovinetto. E non fu lor compagno.
E non l'AI AI videro del giacinto
dal vento ucciso. Non fioriva ancora.
Erano soli soli; chè la neve
era sui monti, era a bacìo, tuttora.
E qualche alato, ch'ebbe vita umana
già, come loro, già piangea, ma seco,
sommessamente: o dentro sè pensava
quel pianto amaro ch'è poi dolce canto.
I due puri gemelli esili fiori,
fu breve la lor vita anche di fiori.
Amor fu quello prima dell'amore.
Non, forse, amore, ma dolor, sì, era.

Sparvero prima della primavera.

I VECCHI DI CEO

I DUE ATLETI

Nella rocciosa Euxantide, sul monte
tra la splendida Iulide e l'antica
sacra Carthaia, cauto errava ın cerca
non so se d'erbe contro un male insonne
o di fiori per florido banchetto,
Panthide atleta: atleta già, ma ora
medico, di salubri erbe ministro.
E , coglieva, più certo, erbe salubri,
chè il capo bianco non chiedea più fiori.
Partito già da Iulide pietrosa
era su l'alba. Or l'affocava il sole;
sì che saliva al vertice del monte
folto di quercie cui nel mezzo è l'ara
del Dio che manda all' arsa Ceo le pioggie
tra un bombir lieto. E giunse tra le quercie
sul ventilato vertice. E gli occorse
uno ascendente per la balza opposta.
E riconobbe un vecchio ospite, atleta
anch' esso: Lachon, che vedeasi in casa
molte corone, il secco appio dell' Istmo,
il Nemèo verde, non ormai già verde,
e l'alloro e l'olivo: altri germogli

no; non di cari figli altra corona.
Chè solo egli era. E per la via selvaggia
coglieva anch'esso erbe salubri o fiori,
per morbo insonne o florido convito.
ma più certo, salubri erbe, chè un cespo
svelgendo allora da un sassoso poggio,
le vecchie rughe egli facea più tante.

Ora gli stette agli omeri Panthide,
non anco visto, immobile, col fascio
dei lunghi steli dietro il dorso; e l'altro
senti che un'ombra gli pungea la nuca;
e si voltò celando la mannella
della sua messe. Ma con un sorriso
a lui mostrò la sua Panthide, e disse:
« Oh! » disse « vedo. Non è crespo aneto,
Lachon, per un convito, non è mirto;
nè cumino nè molle appio palustre... »
Erano cauli con nel gambo rosse
chiazze e con bianchi fiorellini in cima.
E Lachon interruppe· « Ospite, il Tempo,
che viene scalzo, all'uno e all'altro è giunto
della cicuta; come è patria legge:
- CHI NON PUÒ BENE, MALE IN CEO NON VIVA - »
Disse Panthide. « Ricordiamo il detto
dell'usignolo che di miele ha il canto,
dell'isolana ape canora: *Il cielo
alto non si corrompe, non marcisce
l'acqua del mare... L'uomo oltre passare
non può vecchiezza e ritrovare il fiore
di gioventù.* « Noi ritroviamo il fiore
della cicuta! » con un riso amaro
Lachon riprese, e poi soggiunse: « Un fascio

ccglierne, tutto in un sol dì, per vecchi,
ospite, è grave. Oh! non ha senno l'uomo!
Sin dalla lieta gioventù va colto,
un gambo al giorno, il fiore della morte!»

II

L' INNO ETERNO

E sederono all' ombra d' una quercia
l' un presso l' altro. Sotto la lor vista
tra bei colli vitati era una valle
già bionda di maturo orzo; e le donne
mietean cantando, e risonava al canto
l' aspro citareggiar delle cicale
su per le vigne solatìe dei colli.
E nella pura cavità del cielo,
di qua di là si rispondean due voci
parlando di lor genti che lontane
tenea Corinto dove è un tempio dove
sono fanciulle ch' hanno ospiti tanti...
E nel mezzo alla valle era Carthaia
simile a bianco gregge addormentato
da quell' uguale canto di cicale.
Il mare in fondo, qualche vela in mare,
come in un campo cerulo di lino
un portentoso biancheggiar di gigli.
Tra mare e cielo, sopra un' erta roccia,
la Scuola era del coro; era, di marmo

candido, la ronzante arnia degl'inni.
Ivi le frigie tibie, ivi le cetre
doriche insieme confondean la voce
simile ad un gorgheggio alto d'uccelli
tra l'infinito murmure del bosco.
Ivi sonava, dolce al cuor, la lode
del giovinetto corridore e il vanto
del lottatore; e per sue cento strade
l'inno cercava le memorie antiche,
volava in cielo, si tuffava in mare,
incontrava sotterra ombre di morti,
tornando, ebbro di gioia ebbro di pianto,
con due fogliuzze a coronar l'atleta.

Era lontano, e non vedean che il bianco
dei marmi al sole, i due pensosi vecchi.
Eppui di là l'alterna eco d'un inno
giungeva al cuore, o forse era nel cuore.
Da destra il giorno si movea col sole,
portando il canto e l'opere di vita,
verso sinistra, al mesto occaso, donde
co' suoi pianeti si volgea la notte
tornando all'alba e conducendo i sogni,
echi e fantasmi d'opere canore
Fluiva il giorno, rifluìa la notte.
Sotto il giorno e la notte, e la vicenda
di luce e d'ombra, di speranza e sogno,
stava la terra immobile. Ma il coro
era più rapido. Arrivava un'onda
dal mare, un'altra ritornava al mare.
Era la vita. Dopo il moto alterno
d'un'onda sola che salìa cantando
scendea scrosciando, mormorava il mare

immobilmente. E molte vite in fila
salian dal mare riscendean nel mare:
quindi l'eterno. E dall'eterno altre onde:
i figli. Altre onde dall'eterno: i figli
dei figli. E onde e onde, e onde e onde...

III

EFIMERI

Disse Panthide: « Ospite, ho cinque figli
molto lodati, come sai. Zelòto
il primo: Argeo, buono alla lotta, eppure
fiorito appena di peluria il labbro,
l'ultimo: è questi ora su l'Istmo, ai giochi.
Lachon, ascolta. Ieri udii, su l'alba,
un grido in casa, un fievole vagito
che mi chiamava al talamo del figlio
più grande. Andai. Vidi una luce: un uomo
novo fiammante! E con le sue manine
egli annaspava come a dire — O vedi
ch'io l'ho pui qui la lampada di vita
accesa a quella ch'alla tua s'accese!
Più non è danno se la tua si spenge.
Son io Panthide. Puoi partire, o nonno! —
Parlato ch'ebbe, egli movea le labbra
come assetato... E io dovrei tutt'ora
tener le labbra al pispino del fonte,
vietando io vecchio al mio novello il bere?

gli dovrei forse intorbidar la polla?
Io parto. E, come io sono lui, non muoio ».
E Lachon disse: « Oh! io vorrei che un poco
la piccoletta fiaccola negli occhi
miei balenasse! Oh! io vorrei per poco
con la mia mano ripararle il vento!
vorrei, seduto per qualche anno al fonte
di vita, senza berne più che un sorso,
vorrei vedere quella rosea bocca
arrotondarsi sul bocciuol materno!
Ospite, io credo, più di me tu muori ».

Tacquero intenti a udirsi, dentro, l'inno
del lor respiro, onda che viene e onda
che va, seguite da un pensiero immoto.
Le mietitrici avean ripreso il canto
tra l'orzo biondo, e risonava al canto
l'aspro citareggiar delle cicale.
E disse Lachon: « Troppo bella, o sacra
isola Ceo! Chi nacque in te, che volle
morire altrove? Ma sei poca a tanti! »
A cui Panthide: « Poca sì.. ma Delo
appena morti i figli suoi bandisce.
Partono i morti dalla sacra Delo
sopra la nave nera, esuli, e vanno
mirabilmente pallidi, sul mare,
alla Rhenèa dove non son che morti;
e sole capre e pecore selvaggie
belano errando sopra il lor sepolcro ».
Lachon pensava e su la palma il capo
reggea dubbioso. « Io mi ricordo » ei disse
« un inno udito, ora è molt'anni, in Delfi,

lungo l'Alfeo: *Siamo d'un dì! Che, uno?*
che, niuno? Sogno d'ombra, l'uomo! » L'ombra
di lui teneva su la palma il capo:
pensava, a piè dell'albero; e vicine
stridere udiva l'ombre delle foglie.

IV

L'INNO ANTICO

Poi raccolti i lor fasci di cicute
sorsero entrambi, e dissero: Va sano!..
Va sano!... E ritornavano cogliendo
ancor pei greppi i fiori della morte.
Esalava il canùciolo e il serpillo
odor di cera e dolce odor di miele.
Ronzavan api e scarabei de' fiori.
E Lachon giunse al prònao d'Apollo,
alla Scuola del coro. Era già sera,
una sera odorosa; ed il suo nome
udì gridare a voci di fanciulli.
Eran fanciulli che, in lor giochi, un inno
volean cantare a mo' dei grandi, un inno
vecchio, che ognuno aveva, in Ceo, nel cuore.
Presto un impube corifeo la schiera
ebbe ordinata, e già da destra il coro
movea cantando per la via del sole,
verso la sera, con gridio d'uccelli.

Pubertà,
fonte segreto che spiccia
  senza un tremito e un gorgoglio,
ma che di tenero musco
  veste insensibilmente lo scoglio:
a te dia Lachon l' erba del leone,
l' appio verde del bosco Nemèo.

Conobbe l'inno, il primo inno cantato
a lui quand'era il suo destino in boccia
tuttora, quanti anni passati? Tanti!
E da sinistra volsero i fanciulli,
come i notturni aurei pianeti, a destra.

Nulla sta!
Tutto nel mondo si muove,
  corre, o giovinetto atleta,
come nell' inclito stadio
  tu col piede di vento alla meta:
di che la prima delle tue corone
tu riporti all' Euxantide Ceo.

I fanciulli si volsero con gli occhi
al cielo e al mare, fermi su la terra
sacra, alzando le acute esili voci.

Ora è ora d' amare.
  L' appio verde vuoi sol tu?
Corrano, un tempo, le gare
  dove Lachon non sia più,

giovani ch' ansino e rapidi sbuffino l'anima
tua, la tua, lungo l' Alfeo!

E ̀nel cospetto dei fanciulli apparve
Lachon il vecchio con le sue cicute,
e intorno al vecchio corsero i fanciulli
gridando: « A noi, perchè ci sia ghirlanda!
l' appio a noi! l' appio verde! l' appio verde! »

V

L'INNO NUOVO

E Panthide a quell' ora era pur giunto
sotto l' aerea Iulide natale.
E vide in·mare una bireme, e vide
che ammainando entrava già nel porto.
E dall' aerea Iulide e dal grande
leon di pietra accovacciato in vetta,
il popolo scendea lungo l' Elixo,
scendea dall' alto in lunga fila al mare.
Veniano primi i giovinetti a corsa,
dando alla brezza i riccioli del capo;
poi le donne·altocinte, ultimi i vecchi,
spartendo tra due passi una parola.
Poi che giungea dall' Istmo, la bireme,
portando alfine i buoni atleti a casa,

e quante niuno ancor sapea, ghirlande.
E trasse al lido anche Panthide, in seno
celando il fascio delle sue cicute.
Stava in disparte. Ed ecco dalla nave
scese una schiera di settanta capi
bruni, tutti fioriti di corimbi,
e su la spiaggia stettero. Un chiomato
citaredo sedè sopra un pilastro,
e presso lui gli auleti con le lunghe
tibie alla bocca. E il mare eterno, il mare
alterno, a spiaggia sospingea l'ondate,
le ricogliea, così tra il canto e il pianto.

Stridè la tibia, tintinnì la cetra,
e il coro alzò tra il sussurrìo del mare
un inno di Bacchylide. In disparte
era Panthide, e il vecchio cuor batteva
contro la manna delle sue cicute.
L'onda ascendeva, discendeva l'onda;
e il coro andò, poi ritornò sul lido.

O sacra Ceo!
mosse ver te la fulgida
Fama che in alto spazia,
a te recando un messo
pieno di grazia,
che nella lotta il pregio
fu del valido Argeo;

e noi la grande
gloria, sull' istmio vertice,

venuti dall' Euxanti-
d' isola dia, facemmo
  chiara coi canti
nostri, noi coro adorno
  di settanta ghirlande:

ed or la musa indigena
suscita il dolce strepito
  di tibie lyde
per onorar d' un inno
  il tuo figlio, o Panthide!

Udì Panthide, e il cuor battè più forte
contro la manna delle sue cicute.
Ora poteva sciogliere la vita
felicemente, come alcuno un fascio
d' erbe e di fiori che nel giorno colse,
sfa, su la sera, che ne fa ghirlanda,
tornato a casa. Chè dei cinque figli
niuno lasciava senza lode in terra.
Gli avea ben fatto il Sole, e dalle Grazie
avea sortito ciò che all' uomo è meglio.
Ammirato dagli uomini mortali
tornava a casa, per pestare, il saggio
medico, l' erbe nel mortaio di bronzo.
E la notte era dolce, aurea; tranquillo
era il suo cuore. Chè il Panthide nuovo
s' era acquetato sul materno petto,
e il forte Argeo, stanco di mare e gioia,
dormiva, già sognando altre corone.
Buona, la sorte! buona! Chè concesso
non gli era mica di salire al cielo!

172

ALEXANDROS

74

ALEXANDROS

I

— Giungemmo. è il Fine. O sacro Araldo, squilla!
Non altra terra se non là, nell' aria,
quella che in mezzo del brocchier vi brilla,

o. Pezetèri: errante e solitaria
terra, inaccessa. Dall' ultima sponda
vedete là, mistoforì di Caria,

l' ultimo fiume Oceano senz' onda.
O venuti dall' Haemo e dal Carmelo,
ecco, la terra sfuma e si profonda

dentro la notte fulgida del cielo.

II

Fiumane che passai! voi la foresta
immota nella chiara acqua portate,
portate il cupo mormorìo, che resta.

Montagne che varcai! dopo varcate,
sì grande spazio di su voi non pare,
che maggior prima non lo invidìate.

Azzurri, come il cielo, come il mare,
o monti! o fiumi! era miglior pensiero
ristare, non guardare oltre, sognare:

il sogno è l'infinita ombra del Vero.

III

Oh! più felice, quanto più cammino
m'era d'innanzi; quanto più cimenti,
quanto più dubbi, quanto più destino!

Ad Isso, quando divampava ai vènti
notturno il campo, con le mille schiere,
e i carri oscuri e gl'infiniti armenti.

A Pella! quando nelle lunghe sere
inseguivamo, o mio Capo di toro,
il sole; il sole che tra selve nere,

sempre più lungi, ardea come un tesoro.

IV

Figlio d'Amynta! io non sapea di meta
allor che mossi. Un nomo di tra le are
intonava Timotheo, l'auleta:

soffio possente d'un fatale andare,
oltre la morte; e m'è nel cuor, presente
come in conchiglia murmure di mare.

O squillo acuto, o spirito possente,
che passi in alto e gridi, che ti segua!
ma questo è il Fine, è l' Oceano, il Niente....

e il canto passa ed oltre noi dilegua —

V

E così, piange, poi che giunse anelo:
piange dall'occhio nero come morte,
piange dall'occhio azzurro come cielo.

Chè si fa sempre (tale è la sua sorte)
nell'occhio nero lo sperar, più vano;
nell'occhio azzurro il desiar, più forte.

Egli ode belve fremere lontano,
egli ode forze incognite, incessanti,
passargli a fronte nell'immenso piano,

come trotto di mandre d'elefanti.

VI

In tanto nell'Epiro aspra e montana
filano le sue vergini sorelle
pel dolce Assente la milesia lana.

A tarda notte, tra le industri ancelle,
torcono il fuso con le ceree dita;
e il vento passa e passano le stelle.

Olympiàs in un sogno smarrita
ascolta il lungo favellìo d' un fonte,
ascolta nella cava ombra infinita

le grandi quercie bisbigliar sul monte.

17<

TIBERIO

TIBERIO

I

Discende a notte Claudio dal monte
Borèo: col vento dalle nubi fuori
rompe la luna e gli balena in fronte,

fuggendo. Egli rimira, a quei bagliori,
Livia e l'infante: intorno.vanno frotte
silenzïose di gladiatori.

S'ode tra lunghe raffiche interrotte
l'Eurota in fondo mormorar sonoro:
s'ode un vagito. E nella dubbia notte

le nere selve parlano tra loro.

II

Rabbrividendo parlano le selve
di quel vagito tremulo, che a scosse
va tra quel cauto calpestio di belve.

Sommessamente parlano, commosse
ancor dal vento, che vanì; dal vento
Borea, che le aspreggiò, che le percosse.

Dal ciel lontano a quel vagito lento
egli era accorso; ma nell'infinito
ansar di tutto, dopo lo spavento,

risuona ancora quel lento vagito.

III

Chi vagisce, è Tiberio E il vento accorre
dal ciel profondo tuttavia; spaura
le nubi in fuga, e sbocca dalle forre.

Le selve il mormorìo della congiura
mutano in urlo; e gli alberi giganti
muovono orridi in una mischia oscura.

Lottano i pini coi disvincolanti
frassini, e l'elci su la stessa roccia
coi faggi urtano i vecchi tronchi infranti.

E il fiore della fiamma apresi e sboccia.

IV

Sboccia la fiamma, e il vento la saetta,
come una frusta lucida e sonante,
via per ogni pendìo, per ogni vetta.

Il vento con la frusta fiammeggiante,
col mugghio d'una mandria di tori,
cerca il vagito del fatale infante.

Ardono i monti; ma ne' suoi due cuori
Livia tranquilla, indomita, ribelle,
tra i rossi ómeri de' gladiatori,

nutre Tiberio con le sue mammelle.

GOG E MAGOG

GOG E MAGOG

I

A mandre, come gli asini selvaggi,
in vano andava e ritornava in vano
Gog e Magog coi neri carriaggi;

e la montagna li vedea nel piano
errare, udiva di tra le tormente·
di quelle fruste lo schioccar lontano;

ed un bramir giungeva, della gente
di Mong, come umile abbaiar di iene,
all'inconcussa Porta d'occidente.

II

Chè tra due monti grande era, di rosso
bronzo una porta; grande sì, che l'ombra
ne trascorreva all'ora del tramonto

mezza la valle. Il figlio dell'Ammone
la incardinò per chiudere gl'immondi
popoli, e i neri branchi di bisonti:

la sprangò, chiuse. Ma ristette al sommo
dei monti· un chiaro strepere di trombe
giungea dalle Mammelle d'Aquilone.

                    III

V' era ıl Bıcorne... E gli ultimi che, infanti,
aveāno udito il gran maglio cadere
su le chıavarde, erano grigi vecchi;

e non partiva... E ı figli lor, giganti
daglı occhı fiammeı, dalle lingüe nere,
o nani irsuti dai mobilı orecchi,

erano mortı; e d'ognun d'essi, i mılle
erano nati, quante le faville
da un tızzo: ma il Bicorne era lassù.

                    IV

In alto in alto, a guardia dell'Erguene-
cun; e lo squillo delle sue diane
movea valanghe e rifrangea morene.

S'empiva, ogni alba, il cielo di poiane;
e l'Orda a valle, come nubi al suono
del nembo, nera s'addossava al Kane:

carri che rotolavano dal cono
delle montagne; un subito barrito
d'elefanti; una voce come tuono...

V

Ma meno udian di giorno quel tumulto
lassù: di giorno anche le genti chiuse
ruggìano, e il cibo dividean con l'unghie.

Vaniva il grido di lassù nell'urlo
della lor fame. Era, di giorno, tutto
al sangue, Alan, Aneg, Ageg, Assur,

Thubal, Cephar. Più, nelle notti lunghe,
s'udiva, quando concepian, nel Yurte,
le loro donne i figli di Mong-U.

VI

La luna andava su per orli gialli
di nubi, in fuga: per l'intatta neve
stavano in cerchio mandre di cavalli:

le teste in dentro, immobili, tra il bianco,
stavano: a ora a ora un nitrir breve,
un improvviso scalpitio del branco.

Chi tutta la montagna solitaria
muggìa. Temeva anche la luna, e lieve
balzava su, da nube a nube, in aria.

VII

O risplendea sul murmure infinito,
pendula. Cinto d' edere e d' acanti
l' Eroe, tolte le faci del convito,

scorreva in festa i gioghi lustreggianti,
e laggiù, dalle tonde ombre dei pini,
l' Orda ascoltava lunghi aerei canti;

udiva lunghi gemiti marini
di conche, e, tra il tintinno della cetra,
timpani cupi, cimbali argentini.

VIII

Gog e Magog tremava; e le sue donne
dissero: « Non ha madre Egli, cui dolce
gli sia tornare, pieno d' ambra e d' oro?

non figli, greggi? non fiorenti mogli
presso cui, sazio di narrar, si corchi?
Forse hanno a sdegno lui così bicorne!

Dunque e perchè non scende Egli dal monte
nè prendesi una dalle nostre torme,
che gli sia bestia, tra Gog e Magog? »

IX

Gog e Magog tremava... Uno dei nani
cauto trovò gli stolidi giganti.
« Noi moriamo, o giganti, ed egli no.

Io che muovo gli orecchi come i cani,
intesi cose. Non c'è sempre avanti
Zul-Karnein. A volte a Rum andò.

Parte col sole. A un fonte va, di stelle
liquide, azzurro. Con le due giumelle
v'attinge vita. Ogni cent'anni, un po' ».

X

Ora Egli un giorno (la Montagna tetra
parea più presso e, come scheletrita,
mostrava il bianco ossame suo di pietra)

per l'ombra, dove non sapea che dita,
reggeano erranti lampade d'argento,
per l'ombra andava al fonte della vita.

E non più squilli di tra i gioghi, e il vento
soffiava in vano. La gran Porta un poco
brandiva, a tratti, con émpito lento.

XI

Gog e Magog tre dì, vigile, attese;
tre notti attese; e non udì, che a sera
la Porta a quando a quando brandir lenta.

Non c'era più sui monti... E l' Orda prese
la via dei monti. Andava l' Orda nera
formicolando sotto la tormenta.

All'alba mugliò lugubre un bisonte,
nitrì un cavallo, si spezzò la schiera...
Uno squillo correa da monte a monte.

XII

E dissero le donne: « Uomo da nulla
Zul-Karnein! Tornasti in fretta! O forse
non c'era al fonte sola una fanciulla?

non una tua sorella, che la secchia
abbandonò vuota sul fonte, e corse
ansando in casa alla tua madre vecchia?

Or fa, divino ariete, sonare
le trombe! Al suono delle tue fanfare
l'uom ci si desta, e poi... non dorme più ».

XIII

E gli uomini ululàrono: « Ha bevuto
in Rum al fonte delle stelle azzurro !
Zul-Karnein è sempre ciò che fu ».

E lor fu in odio ogni altra vita, e il frutto
d'ogni altro ventre; e il rosso sangue munto
bevvero alle bisonti, alle zebù.

Nè più sonava per la valle un muglio.
Non sonò più, Gog e Magog, che l'urlo
interminato delle tue tribù.

XIV

Ma sì, partì Zul-Karnein, nel fuoco
d'un vespro: per il monte erano stese
porpore cupe a margini di croco.

Nel cocchio d'oro folgorando ascese
l'Eroe; nell'ombra lontanò tra un gaio
ridere di berilli e di turchese.

Poemi Conviviali 13

Un balenio di cuspidi d'acciaio,
un'eco d'inni che tremola ed erra
qua e là. . Tacque infine irto il ghiacciaio.

XV

Tre anni attese il Tartaro, tre anni
spiò l'arrivo degli stessi draghi
dagli occhi d'oro sopra la montagna

tacita e sola. Il Tartaro guardava,
nè già temeva, e più sentìa la fame
e l'ira, e con man d'orso per la valle

svellea betulle, sradicava ontani.
Ma vide gli occhi degli stessi draghi
la terza volta, e venne alla montagna,

XVI

A piè delle Mammelle d'Aquilone
giunsero cauti. E il vecchio nano astuto
con mani e piedi rampicò sui tufi.

E vide in cima un grande padiglione
come di tromba, e vi scivolò muto:
v'udì soffi, vi scorse occhi di gufi.

Un nido immondo riempiva il vuoto
di quella tromba. Un grande gufo immoto
v'era, due ciuffi in capo irti, da re.

XVII

Prese due penne il vecchio nano, e stette
sopra una roccia, ed agitò le penne,
e chiamò l'Orda, che attendeva: « A me,

Gog e Magog! A me, Tartari! O gente
di Mong, Mosach, Thubal, Aneg, Ageg,
Assur, Pothim, Cephar, Alan, a me!

A Rum fuggì Zul-Karnein, le ferree
trombe lasciando qui su le Mammelle
tonde del Nord. Gog e Magog, a me! »

XVIII

O stolti! Quelle trombe erano terra
concava, donde il vento occidentale
traeva, ansando, strepiti di guerra.

Rupperle disdegnando col puntale
de'lor pungetti, e dalle trombe rotte
gufi uscivan con muto batter d'ale.

Risero accorti, e sparsi per le grotte
bevvero sangue. Sopra loro un volo
muto, di sogni, e i gridi della notte.

XIX

Alla gran Porta si fermò lo stuolo:
sorgeva il bronzo tra l' occaso e loro.
Gog e Magog l' urtò d' un urto solo.

La spranga si piegò dopo un martoro
lungo: la Porta a lungo stridè dura-
mente, e s' aprì con chiaro clangor d' oro.

S' affacciò l' Orda, e vide la pianura,
le città bianche presso le fiumane,
e bionde messi e bovi alla pastura.

Sboccò bramendo, e il mondo le fu pane.

LA BUONA NOVELLA

I

IN ORIENTE

I

Si vegliava sui monti. Erano pochi
pastori che vegliavano sui monti
di Giuda. Quasi spenti erano i fuochi.

Altri alle tombe mute, altri alle fonti
garrule, presso. Il plenilunio bianco
battea dai cieli sopra le lor fronti.

Ognun guardava ai cieli, come stanco,
stanco nel cuore; ognuno avea vicino
il dolce uguale ruminar del branco.

Sostava sino all'alba del mattino
il cuor del gregge, sazio di mentastri;
ma il cuore de' pastori era in cammino

sempre; ch'erano erranti come gli astri,
essi: avean la bisaccia irta di peli
al collo, e tra i ginocchi i lor vincastri,

e cinti i lombi, e nella mano steli
d' issopo. E alcuno, come è lor costume,
cantava, fiso, come stanco, ai cieli.

E il canto, sotto i cieli arsi dal lume,
a pie' dell' universo, era sommesso,
era non più che un pigolìo d' implume

caduto, sotto il suo grande cipresso.

II

Maath cantava: — O tu che mai non·poni
il tuo vincastro, e che pari nell' alto
le taciturne costellazïoni,

Dio! che la nostra vita cader d' alto
fai, come pietra, dalla tua gran fionda...
la pietra cade sopra il Mar d' asfalto.

Pietra ch' è nel Mar morto e non affonda,
la vita! Cosa grave che galleggia,
e va e va dove la porta l' onda!

O Dio, noi siamo come questa greggia
che va e va, nè posso dir che arrivi,
nemmen se giunga al pozzo della reggia! —

Addì cantava: — Tu, sola tu, vivi,
o greggia, che non mai dalle tue strade
vedi la Morte ferma là nei trivi.

Vedo qualche smarrito astro che cade:
muore anche l'astro. Ma tu, pago il cuore,
stai ruminando sotto le rugiade.

O greggia, solo chi non sa, non muore!
Tu non odi l'abisso che rimbomba
presso il tuo dente, e strappi lieta il fiore

del loto eterno ai sassi della tomba —

III

E un canto invase allora i cieli: PACE
SOPRA LA TERRA! E i fuochi quasi spenti
arsero, e desta scintillò la brace,

come per improvvisa ala di venti
silenzïosi, e si sentì nei cieli
come il soffio di due grandi battenti.

Erano in alto nubi, pari a steli
di giglio, sopra Betlehem: già pronti
erano, in piedi, attoniti ed aneli,

i pastori guardando di sui monti,
e chi presso le tombe, onde una voce
uscìa di culla, e chi presso le fonti,

onde un tumulto scaturìa di foce:
e un angelo era, con le braccia stese,
tra loro, come un'alta esile croce,

bianca; e diceva: « Gioia con voi! Scese
Dio su la terra ». Ed a ciascuno il cuore
sobbalzò verso il bianco angelo, e prese

via per vedere il Grande che non muore,
come l'agnello che pur va carponi;
il Dio che vive tutto in sè, pastore

di taciturne costellazioni.

IV

Mossero: e Betlehem, sotto l'osanna
de' cieli ed il fiorir dell'infinito,
dormiva. E videro, ecco, una capanna.

Ed ai pastori l'accennò col dito
un angelo· una stalla umile e nera,
donde gemeva un filo di vagito.

E d'un figlio dell'uomo era, ma era
quale d'agnello. Esso giacea nel fieno
del presepe, e sua madre, una straniera,

sopra la paglia. Era il suo primo, e il seno
le apriva, e non aveva ella nè due
assi: all'albergo alcun le disse: È pieno.

Nella capanna povera le sue
lagrime sorridea sopra il suo nato,
su cui fiatava un asino ed un bue.

— Noi cercavamo Quei che vive... - entrato
disse Maath. Ed ella con un pio
dubbio: Il mio figlio vive per quel fiato...

—Quei che non muore... — Ed ella: Il figlio mio
morrà (disse, e piangeva su l'agnello
suo tremebondo) in una croce... — Dio... —

Rispose all'uomo l'Universo: È quello!

II

IN OCCIDENTE

II

Grande, lungo le molte acque, al sussurro
del fiume eterno, sopra i sette monti,
bianca di marmo in mezzo al cielo azzurro,

Roma dormiva. Agli archi quadrifronti
battea la luna; e il Tevere sonoro
fioria di spume percotendo ai ponti.

Alto fulgeva col suo tetto d'oro
il Capitolio: ma la notte mesta
adombrava la Via Sacra del Foro.

Nell'ombra, un lume: il fuoco era di Vesta,
che tralucea. Nel tempio le Vestali
dormian ravvolte nella lor pretesta.

Era la notte dopo i Saturnali.
Nelle celle de' templi, sui lor troni,
taceano i numi, soli ed immortali.

Intorno alla Dea Madre i suoi leoni
giacean nel sonno. Gli ebbri Coribanti
dormian con nell'orecchio ululi e tuoni.

Rosso di sangue uno giaceva avanti
la Dea. Dischiuso il tempio era di Giano.
Esso attendeva, coi serrami infranti,

l'aquile che predavano lontano.

II

Roma dormiva, ebbra di sangue. I ludi
eran finiti. In sogno le matrone
ora vedean gladïatori ignudi.

Ne' triclini ai dormenti le corone
eran cadute, e s'imbevean le rose
nel sangue che fluì dal mirmillone.

Dormivan su le umane ossa già róse,
le belve in fondo degli anfiteatri;
e gli schiavi tornati erano cose.

Dópo la breve libertà, negli atrî
giacean gli ostiari alla catena, quali
cani la cui leggera anima latri.

Era la notte dopo i Saturnali;
ed ogni schiavo dalla tarda sera
dormiva, udendo ventilar grandi ali,

e gracidare. Erano cigni a schiera
sul patrio fiume... No : su l' Esquilino
erano corvi in una nube nera....

Ei tesseva e stesseva il suo destino :
vedea sua madre ; poi sentia la voce
del banditore : apriva al suo bambino

le braccia, e le sentia fitte alla croce.

III

Roma dormiva. Uno vegliava, un Geta
gladiatore. Egli era nuovo, appena
giunto : il suo piede, bianco era di creta.

L' avean, col raffio, tratto dall' arena
del circo ; e nello spoliario immondo
alcun nel collo gli aprì poi la vena.

Rantolava : il silenzio era profondo :
il cader lento d' una goccia rossa
solo restava del fragor del mondo.

Ma d' uomini gremita era la fossa
in cui giaceva. All' occhio suo, tra un velo,
parea scoprirne e ricoprirne l' ossa.

Ed era solo, e l' uomo che col gelo
lo pungea di sua cute, più lontano
gli era del più lontano astro del cielo :

più della terra sua, più del suo piano
lunghesso l'Istro, e de' suoi bovi ch'ora
sdraiati ruminavano pian piano,

e de' suoi figli ch'attendean l'aurora,
piccoli nella lor nomade cuna,
e del suo plaustro, ch'era sua dimora,

là fermo e nero al lume della luna.

IV

E venne bianco nella notte azzurra
un angelo dal cielo di Giudea,
a nunziar la pace; e la Suburra

non l'udiva; e nel tempio alto di Rhea
bandì la pace, e non alzò la testa
quell'uomo rosso ai piedi della Dea;

e vide un fuoco, e disse, PACE; e Vesta
ardeva, e le Vestali al focolare
sedeano avvolte nellà lor pretesta;

e vide un tempio aperto, e dal sogliare
mormorò, PACE; e non l'udì che il vento
che uscì gemendo e portò guerra al mare.

E l'angelo passò candido e lento
per i taciti trivi, e dicea, PACE
SOPRA LA TERRA!... Udì forse un lamento...

Vegliava, il Geta... Entrò l'angelo: PACE!
disse. E nella infinita urbe de' forti
sol quegli intese. E chiuse gli occhi in pace.

Sol esso udì; ma lo ridisse ai morti,
e i morti ai morti, e le tombe alle tombe
e non sapeano i sette colli assorti,

ciò che voi sapevate, o catacombe.

IV

2

NOTE

NOTE

I più vecchi di questi Poemi sono:

GOG E MAGOG (pag. 185) stampato nel CONVITO, Libro I Roma — *Gennaio 1895*. Qui è con qualche aggiunta per chiarezza;

ALEXANDROS (pag. 173), nel CONVITO Libro II Roma — *Febbraio 1895;*

SOLON (pag. 3), nel CONVITO Libro III Roma — *Aprile 1895;*

e via via IL CIECO DI CHIO (pag. 9) e ATE (pag. 111), nella VITA ITALIANA, Roma;

TIBERIO (pag. 179) nel MARZOCCO, Firenze;

IL SONNO D'ODISSEO (pag. 43), nella NUOVA ANTOLOGIA, Roma;

SILENO (pag. 127), nella FLEGREA, Napoli;

LA BUONA NOVELLA (pag. 197), nella ILLUSTRAZIONE ITALIANA (1899 e 1900), Milano, col titolo di *Natività* e *l'Annunzio in Roma*.

Recentemente comparvero LA CETRA D'ACHILLE, nella LETTURA, e LE MEMNONIDI, in ATENE E ROMA.

ANTICLO fu pubblicato dalla FLEGREA, ma in forma diversa da questa; in esametri.

Rimando a miglior tempo una diligente notazione di fonti classiche. Il più dei lettori conosce la polla perenne Omerica, donde come rigagnoli derivano *La cetra d'Achille, Le Memnonidi, Anticlo (Od. IV 286 sgg.), Il sonno d'Odisseo, L'ultimo viaggio.* In quest'ultimo

mi sono ingegnato di metter d'accordo l'*Od. XI 121-137*
col mito narrato da Dante e dal Tennyson. Odisseo
sarebbe, secondo la mia finzione, partito per l'ultimo
viaggio dopo che s'era adempito, salvo che per l'ultimo punto, l'oracolo di Tiresia.

Derivano da Esiodo *(Theog.* e *Op. et D.)* sì alcuni
canti dell' *Ultimo viaggio* (III *Le gru nocchiere* e IV
Le gru guerriere) e sì, naturalmente, *il Poeta degli Iloti*.
Poeta degli Iloti fu detto Esiodo da Cleomene Lace-
demonio (v. *Ael. V. H. XIII 19* e *Dio Chrys. X. or. ii*
che attribuisce un simile giudizio ad Alessandro). Sono
ispirati dal mito oltremondano nel *Phaed.* platonico i
Poemi di Ate, II e III. *Sileno* prende le mosse da una
notizia di Plinio *(Hist. Nat.* XXXVI 4, 4). Deriva da
Apuleio *(Met. IV, V, VI),* liberamente interpretato,
dei *Poemi di Psyche* il I *Psyche,* e dal *Phaed.* di Platone
il II *La civetta. I vecchi di Ceo* si fondano su una notizia bene attestata, su cui si veda il bel « Bacchilide »
di Niccola Festa (Firenze Barbèra 1898) a pag. XXII.
In questo poema io faccio che *Lachon,* cantato da
Bacchylide *(VI),* sia molto più vecchio di *Argeios,* pur
cantato *(I e II)* dalla medesima *isolana ape canora.*
L'inno di *Lachon* è inventato da me, con qualche re-
miniscenza simonidea e pindarica. L'inno invece di
Argeios è traduzione, alquanto libera, dell'inno *II,* o, a
dir meglio, preludio di Bacchylide. E dal *I* 9-16 sono
tratti i particolari intorno al padre di Argeo, *Pantheidas.*

Alexandros che dispera di conquistare la luna, è
nota tradizione. Per *Tiberio,* vedi Suet. *Tib. VI.* In *Gog
e Magog* io fusi in una la leggenda della porta e quella
delle trombe. Vedi la Prefazione del Grion ai *Nobili
fatti di Alessandro Magno* (Bologna, Romagnoli 1872),
e specialmente *Roma nel Medio Evo* di Arturo Graf
(II Vol. Appendice).

Pisa, giugno 1904.

ALLA SECONDA EDIZIONE

Il quale Arturo Graf andava ricordato dopo Dante e Tennyson per il suo *Ultimo viaggio di Ulisse,* che è uno dei poemi delle sue *Danaidi;* poema, come tutti gli altri di quel nobilissimo spirito, superiore a ogni mia lode. E come potei dimenticarmene? Io non so. So che quel poeta è uno dei miei poeti, che quel maestro è uno dei miei maestri, e che da lui ebbi conforto e consiglio. E che ne lo amo.

L'unico poema nuovo di questa edizione, *I gemelli,* nasce da un racconto di Pausania *(D. G.* IX 31, 8) che dice: « C'è un'altra novella su lui (Narcisso)... che Narcisso aveva una sorella gemella, come nel rimanente al tutto somigliante di aspetto, così con capellatura uguale, e vestivano vesti simili, e andavano a caccia l'un coll'altra. E Narcisso amò la sorella, e come la fanciulla morì, esso andava alla fonte e capiva bensì che era la propria ómbra che vedeva, ma pure così capendo, aveva un certo sollievo dell'amor suo, come se non credesse di veder l'ombra sua, ma l'imagine della sorella ».

Questi due gemelli, non giovani ma fanciulli, io ho cambiati tutti due nel *leucoion vernum* e nel *galanthus nivalis,* che si somigliano in verità, ma come un maschietto e una bambina che si somiglino. Sono due fiori del principio di primavera, e della famiglia delle Amarillidee, della quale è pure il Narciso.

Pisa, 17 maggio 1905.

Lightning Source UK Ltd.
Milton Keynes UK
UKHW020204150421
382011UK00003B/234